Juntas
contra el sexismo y la opresión

~ Grupo de Reflexión y Apoyo Antisexista ~

Juntas contra el sexismo y la opresión,

Grupo de Reflexión y Apoyo Antisexista

www.antisexisme.cat

Contacto: antisexisme@riseup.net

Primera edición: NOVIEMBRE 2017 se encuentra bajo una licencia:

Difusión Consciente y Responsable (DCR)

Esta licencia estima conveniente salirse de los patrones convencionales copyright-copyleft, no promovemos restricciones, ni en difusión, ni en generación de obras derivadas, ni en permitir o no el ánimo de lucro.

DCR apuesta por un acceso al conocimiento que facilite el empoderamiento personal y social. Fomentamos que las obras se divulguen cuando se estime conveniente para acompañar en el aprendizaje de las personas y de la sociedad.

Registrar una obra mediante DCR significa que la autoría de la misma propone:

- Que la obra se puede divulgar de forma libre y gratuita.

- Que se fomente la difusión de las artes, las ciencias y la cultura sin restricciones.

- Que a pesar de los puntos anteriores, se busque una circulación del conocimiento consciente y responsable. Divulgar en exceso no es conocimiento, es saturación de información.

Edita:

Contacto: xeitoediciones@gmail.com

Juntas
contra el sexismo y la opresión

~ Grupo de Reflexión y Apoyo Antisexista ~

Agradecimientos

Este texto no habría sido posible sin el esfuerzo de más de 30 personas con las que lo hemos compartido previamente a su publicación, lo han leído y aportado sus críticas y consideraciones. Con ellas el texto ha ganado en argumentación, en matices y en calidad general, por lo que tenemos que agradecer enormemente su tiempo y disponibilidad. También a Xeito Ediciones, por su corrección de la versión castellana y su trabajo de edición.

¡Gracias!

ÍNDEX

«El auténtico interés por la realidad, por el existir, por los demás, no es aquel que busca algo para sí mismo, para satisfacer las propias necesidades. Al contrario. Cuando se han dejado entre paréntesis las demandas es cuando puede darse (producirse, cultivar...) la experiencia ética, estética o religiosa. Las experiencias valiosas son experiencias de gratuidad, no nacen de la lucha por unas ganancias del tipo que sean. Las impulsa el valor de la realidad misma por sí misma...».

(Simone Weil)

«El que tenga una doctrina que se la coma,
antes de que se la coma el templo;
que la vierta, que la disuelva en su sangre,
que la haga carne de su cuerpo...
y que su cuerpo sea
bolsillo,
arca
y templo».

(León Felipe)

¿Quiénes somos y de dónde venimos?

Este texto es fruto del trabajo de reflexión colectiva del «Grupo de Reflexión y Apoyo Antisexista», surgido a raíz de los campamentos «Pensando la Autonomía» que tuvieron lugar en julio de 2015 en Cataluña.

En el marco de estos campamentos surgió espontáneamente hablar del enfoque y las prácticas referentes al género que se llevan a cabo desde nuestros espacios y movimientos y en la sociedad en general. En relación a esta cuestión nos dimos cuenta que teníamos muchas cosas a valorar, cuestionar y debatir en torno a lo que se denomina feminismo/s y del sexismo y el antisexismo en general. Teniendo en cuenta este interés y las ganas de seguir profundizando en las cuestiones que surgieron, decidimos impulsar un grupo en el que pudiéramos hablar y reflexionar con calma y con el tiempo suficiente, con consideración y empatía y también con voluntad de crítica y autocrítica, sobre todo aquello que viéramos conveniente abordar. Este grupo empezó a andar en noviembre de 2015 y ahora nos decidimos a compartir algunas ideas y reflexiones que hemos ido generando. Así, intentaremos exponer en este texto el enfoque provisional que tomamos sobre las cuestiones referidas, sintetizando las ideas de base que hemos ido reflexionando y las conclusiones parciales a las que hemos llegado, no con la intención de encontrar respuestas definitivas sino de «caminar preguntando», como dicen las zapatistas, desde la libertad de conciencia y con autonomía de pensamiento, y poder establecer debate y diálogo con todas aquellas personas y colectivos que lo deseen.

Bases del grupo

El grupo no lo formamos personas «expertas» en nada, ni eruditas. Somos personas de la calle que queremos compartir nuestras percepciones personales y experiencias directas, sentimientos, emociones y pensamientos alrededor de los temas que nos preocupan. No somos teóricas feministas ni nos hemos leído muchos libros sobre las cuestiones que abordamos aquí. Creemos que esto no nos tiene que impedir pensar y reflexionar conjuntamente sobre aquello que encontramos oportuno. Igualmente, somos conscientes de nuestras limitaciones en cuanto a conocimientos y de nuestros posibles errores, y los asumimos. Queremos ser humildes pero también valientes. Esperamos conseguirlo.

Nuestro grupo es mixto, participamos tanto hombres como mujeres, personas con diferentes identidades de género y tendencias sexuales. Ha sido muy enriquecedor tratar estos temas desde una pluralidad de individuos, puesto que hemos visto que nuestras problemáticas concretas son más complejas de lo que pueden parecer a simple vista, pero que al mismo tiempo se entrelazan, y que en gran medida son comunes y a veces, complementarias. Así, vemos que nos podemos ayudar mutuamente al comunicar nuestras experiencias personales y tratarlas colectivamente.

Nuestros principios

- Estamos contra toda forma de dominación; nos sentimos parte de las corrientes que quieren transformar esta sociedad opresora, que luchan por la autonomía material, psíquica y política de las personas…

- Nos mueve la investigación de los fenómenos desde la autogestión del conocimiento, intentando ampliar el foco y construir nuestro propio discurso atendiendo a nuestras experiencias, vivencias y a otros discursos ya creados. No queremos caer en discursos simples sino intentar percibir al máximo la complejidad de lo humano y del entramado de la vida en los temas que queremos abordar.

- Estamos por la libertad de pensamiento y de expresión, en horizontalidad e igualdad de posibilidades para exponer los propios posicionamientos, estamos abiertas a escucharnos, a dialogar, a convencernos, a debatir y a reconocer errores si nos equivocamos. Queremos hablar con personas y colectivos que se sientan afines de entrada a las ideas que exponemos y también con otros que muestren dudas, reticencias o menos afinidad. Estamos contra toda forma de censura de discursos que no encajen con aquello políticamente correcto, establecido ya sea por las instituciones del sistema como por determinados sectores sociales alternativos. Pensamos que hay que romper con los tabús y poder generar un debate social sobre las cuestiones que creemos oportunas, con respeto y libertad.

- Queremos estar abiertas de corazón para generar espacios de empatía donde se puedan tratar los temas de los cuales normalmente nos cuesta hablar con honestidad y confianza. A tal fin nos hemos dotado de dinámicas y herramientas colectivas para trabajar nuestra dimensión más personal e íntima de la mejor forma que hemos sabido y esperamos poder hacerlo mejor en el futuro y compartirlo con más personas.

Hemos empezado a hacernos preguntas

Desde estas bases e intentando librarnos al máximo de prejuicios y dogmas, hemos empezado a reflexionar alrededor de cuestiones como las siguientes:

¿Cuál ha sido el papel de mujeres y hombres a lo largo de la historia? ¿Han sido las mujeres siempre unas víctimas oprimidas por el patriarcado? ¿Han sido los hombres siempre unos maltratadores dominantes y privilegiados?

¿Qué potencialidades vemos en las corrientes que se auto-denominan feministas? ¿Qué positividades vemos en otras corrientes que, a pesar de que no se denominen feministas, aportan mucho en lo que concierne a la superación del sexismo?

¿Qué limitaciones percibimos en las corrientes que se auto-denominan feministas o que pretenden superar al sexismo?

¿Podemos encontrar perspectivas que, recogiendo las positividades de los movimientos feministas y antisexistas, superen al mismo tiempo sus limitaciones?

¿Qué formas toman el patriarcado y el sexismo hoy en día en nuestra sociedad?

¿Qué formas toman las corrientes feministas y antisexistas actualmente?

¿Cuál es la situación en términos generales de las relaciones sexo-afectivas? ¿Podemos hablar de guerra de sexos?

¿Qué nos suscita la aplicación de leyes como la Ley Integral contra la Violencia de Género? ¿La podemos defender? ¿Por qué? ¿La podemos cuestionar? ¿Por qué?

¿Cómo vivimos nuestra sexualidad, la relación con nuestro cuerpo, la relación con nuestro género, y como nos influyen las corrientes ideológicas imperantes o alternativas en nuestras experiencias de vida?

Estas y otras cuestiones son las que hemos querido intentar responder desde este proyecto y, en más o menos medida, el presente texto quiere ser una muestra de hasta dónde hemos llegado hasta ahora y de lo que nos falta por tratar.

1. Consideraciones generales preliminares

La cuestión de la opresión y la violencia por motivos de género, así como la reivindicación de la igualdad entre hombres y mujeres, ha sido una constante desde finales del siglo XIX y especialmente durante el siglo XX en Occidente. Las luchas feministas y de emancipación de la mujer han puesto sobre la mesa la voluntad de participar en la vida pública en igualdad de condiciones hombres y mujeres, así como el hecho de traer la revolución a la vida cotidiana, entre otras importantes cuestiones. Se ha cuestionado la maternidad impuesta, los roles estancados y limitadores, la represión de la sexualidad, el papel de la familia... e incluso el género en sí como algo monolítico, buscando la complejidad en identidades más amplias. Respetamos y agradecemos esta lucha en muchas de sus formas, en sus diversas tendencias que han tratado de hacer evolucionar el papel de la mujer en la sociedad y, por lo tanto, a toda la sociedad en conjunto.

Las personas y los movimientos revolucionarios tratamos en todo momento de adaptarnos a las circunstancias en las que nos encontramos y tratamos de mejorar el mundo según el contexto histórico-cultural donde estamos, con las visiones que nos parecen más emancipadoras en cada momento. Sin embargo, el mundo cambia rápido, y nuestros análisis, propuestas y tendencias también lo tendrían que hacer, evolucionando a través de la crítica y la autocrítica para no fosilizarse en dogmas inservibles. Así, tenemos que mantener vivos los diálogos, el pensamiento, el compartir ideas, ya que esto nos permitirá ser individuos y comunidades libres y autónomas, dotándonos en cada momento de nuestros propios posicionamientos y construyendo una vida colectiva libre y plena.

Sabemos que en la cuestión de los feminismos y el género, actualmente y desde hace unos años, como en tantos otros campos, la polarización es la norma. El sentido común y el buen hacer nos señalan la importancia del pensamiento complejo, pero es bastante más habitual que las derivas del pensamiento y el juicio basculen entre unas tesis y sus antítesis, que suelen estar unas a las antípodas de las otras, y a veces las síntesis tardan en aparecer, si es que aparecen. Así, ahora mismo vemos el debate sobre los conflictos relacionados con el género como una polaridad en una balanza y somos conscientes que nuestra posición en esta balanza, aunque no nos sitúe en ningún extremo, está influida por varios factores de los cuales hablaremos seguidamente, que repercuten en nuestro planteamiento y análisis. No obstante, vemos que obviamente otros muchos posicionamientos se ven también influidos por estos factores y que en todos los casos, es importante ponerlos de manifiesto para que nadie se crea en posesión de una verdad absoluta.

En este sentido, ¿qué factores tenemos que tener en cuenta para entender aquello que configura nuestra visión en cada situación, en el caso concreto al que nos referimos actualmente, la visión particular de la cuestión de las relaciones y opresiones de género?

En primer lugar, pensamos que hay que tener en cuenta la influencia que tienen las diversas «anteojeras» con las cuales miramos la realidad: nuestra ideología, forjada a través de lecturas, teorías, interpretaciones...a pesar de que estas anteojeras nos puedan ser útiles para orientarnos y hacernos un mapa general de las situaciones -lo que se ha denominado por ejemplo «generalizaciones orientadoras»[1]- esto no nos tendría que hacer perder de vista que *la "verdad" es un fin pre-político[2]*, y que, por lo tanto, tendría que ser una tarea constante de todas aquellas personas «buscadoras», por muy difícil que sea a veces, intentar mirar las cosas de la manera menos condicionada posible, sin tantos apriorismos, con la mirada lo más limpia posible. Entendemos la "búsqueda de la verdad" como una forma de hablar teniendo en cuenta los propios condicionamientos (subjetivos, culturales...) y al mismo tiempo tratando de extraernos de ellos para mantener la mente lo más abierta posible. Así, partimos de un conocimiento situado, pero no partimos de ninguna premisa incuestionable o axioma.

En segundo lugar, es importante tomar en consideración el peso de las experiencias personales y la impronta emocional que estas dejan en nosotros. Intentar conocer y asumir la parte de experiencia personal de cada cual tiene mucho que ver con cómo valoramos y juzgamos las cosas, pues el filtro de nuestra experiencia nos conecta con nuestras emociones configurando una realidad subjetiva que nos condiciona inevitablemente. En

---

[1]Concepto utilizado por la Teoria Integral de Ken Wilber

[2] Expresión utilizada por la filósofa Simone Weil y muy relacionada con una de las citas que encabeza este texto.

este sentido, creemos que hay que ser sensibles a las experiencias personales o cercanas (traumáticas o no) relacionadas con la cuestión del género, intentando no caer en una emocionalidad que pueda instrumentalizar nuestros debates o directamente los impida, pero sin negar que son cuestiones que nos tocan directamente.

En tercer lugar, como somos seres sociales y vivimos en sociedad -ahora mismo instalados en un sistema basado sobre todo en la dominación y la jerarquía- no podemos obviar tampoco los factores biopolíticos, estratégicos y de intereses que tienen influencia sobre nosotros día tras día, mediante la educación, los medios de «comunicación», la propaganda, la coerción psicológica, económica...Creemos que es importante entender que no vivimos en un sistema neutral, y, sin caer en la conspiranoia, vemos importante tener presente que si somos conscientes de las estructuras de poder que nos dominan, también tendríamos que tener presente que el poder conspira para mantener su dominio. Así, creemos que hay que ser muy críticas y estar muy alerta con los discursos y prácticas que se promueven en cada momento desde los organismos de poder, y comprender que, a veces, muchas cosas que nosotros vemos como «conquistas sociales» o que nos alegramos porque desde determinadas esferas de poder se haga eco de ellas o se potencien, no son más que medidas contra-restantes que el sistema necesita para seguir mutando y mantenerse igual en aquello esencial, canalizando las demandas sociales hacia fines que no cuestionen sus bases. También pueden ser maneras de instrumentalizar ciertas causas y demandas, cooptándolas y haciendo que contribuyan a mantener las dinámicas imperantes. Más adelante veremos algunos ejemplos de esto.

Finalmente, un cuarto factor a tener en cuenta en el análisis de los discursos y prácticas relativas al género sería también valorar las diversas concepciones de la vida y de la naturaleza humana que todas tenemos de fondo, es decir, los factores éticos-filosóficos-espirituales subyacentes en cada persona y discurso y cómo estos influyen en la vida personal y colectiva en ambos sentidos. Así, volviendo a la idea de balanza que sugeríamos al principio, nos encontramos que las polaridades más acentuadas en torno en la cuestión del género tienen que ver, por un lado, con un sector de personas que tiende a poner mucho énfasis en la opresión de la mujer por parte del hombre y, por otro lado, otro sector que quizás no tiene suficientemente en cuenta esta opresión y que tiende a minimizarla o incluso a negarla. Estas dos polaridades se pueden explicar a partir de la interacción de varios factores como los que hemos expuesto anteriormente y pueden manifestarse efectivamente en personas que podemos categorizar claramente como «machistas», por un lado, y por otro lado también como «hembristas», en sus extremos.

Entre estos dos polos hay muchos grises y también puede ser que los posicionamientos, tanto los extremos como los intermedios, se expliquen por determinadas visiones sobre la vida y sobre la naturaleza humana (por ejemplo, en función de si aquellas personas piensan que sin Estado el pueblo se puede organizar de manera no jerárquica, autónoma, cooperativa, igualitaria... o si creen más bien que «el hombre es un lobo para el hombre» -o en este caso que «el hombre es un lobo para la mujer», en una actualización de la máxima de Hobbes-). Así pues, podría bien ser que si alguien piensa que no es para tanto la opresión histórica que ha sufrido la mujer y que en muchos momentos históricos ha habido una relativa igualdad, que el hombre también ha sufrido y sufre discriminaciones y no es sólo portador de privilegios, etc. esto sea debido a muchos motivos y no tenga porqué ser directamente una cuestión de machismo o de corporativismo de género. En este sentido, pensamos que tendríamos que acabar con el pensamiento dicotómico de «si no eres una cosa eres otra» o de «si no estás con nosotras es que estás contra nosotras», puesto que nos impide pensar con profundidad y complejidad.

Teniendo en cuenta todo lo que hemos señalado, cabe decir que, como hemos comentado anteriormente, asumimos que nuestra concepción actual respecto la cuestión de los sexos-géneros nos sitúa en algún punto de una amplia escala de grises. A pesar de todo, intentamos hablar desde la humildad y la necesidad que sentimos de constituir un contrapeso a las tendencias nocivas que percibimos a nuestro alrededor en relación a este tema y que según nuestra opinión, a pesar de contener elementos que consideramos positivos, provocan también graves contradicciones, problemáticas y distorsiones que nos disponemos a señalar a lo largo de este texto[3].

2. Religiones políticas y censura

La primera cuestión a la que nos enfrentamos cuando intentamos abordar las temáticas que trataremos en este texto, es la censura de los pensamientos disidentes respecto a la interpretación de las problemáticas de las relaciones entre géneros. Los feminismos están de moda, y esto significa que una versión determinada de la historia más o menos se ha hecho aceptable, un nuevo paradigma se está haciendo lugar en el imaginario social. Este nuevo paradigma puede tener positividades. Al mismo tiempo, nos preocupa que cualquier crítica o cuestionamiento de varias prácticas o discursos que se pueden clasificar con la etiqueta «feminista» devenga en una tarea ardua con serios costes personales[4]. Aquí, como en tantos otros ám-

---

[3] Son pocos los textos y posicionamientos críticos con la forma de enfocar las problemáticas de género que conocemos. Como excepción encontramos interesantes estos textos de hace unos años: *Cuando abusamos del abuso machista:* http://www.nodo50.org/ekintza/spip.php?article442 y *Cansadas de tanto neofeminismo y políticamente incorrectas:*
http://www.alasbarricadas.org/forums/viewtopic.php?f=10&t=57489

[4] Algunos ejemplos de esto que hemos podido conocer son los siguientes: La censura contra el autor del artículo *¿Es el feminismo la solución al machismo?:* http://blai-dalmau.blogspot.com.es/2015/03/es-el-feminismo-la-solucion-al-sexismo.html que hace unos meses fue impedido de participar en un acto público en Barcelona que no tenía nada que ver con la cuestión de género; También las críticas y presiones a la persona que se ha atrevido a lanzar esta página web: *SCUM, un cáncer a extirpar en el movimiento feminista* : https://antiscum.noblogs.org/; la reprobación de quién escribió este artículo en el marco de la CNT: *Hembristas contra masculinistas: la guerra de sexos en el siglo XXI:* http://oviedo.cnt.es/2016/08/21/hembristas-contra-masculinistas-la-guerra-de-sexos-del-siglo-xxi/ o bien el recibimiento del artículo del diario Argia, 11 octubre de 2015, *El hombre no muere mujer* (en euskera aquí: http://www.argia.eus/argia-astekaria/2478/gizona-ez-da-emakume-hiltzen, entre otros muchos ejemplos que podríamos dar. Los últimos en ambientes alternativos que conocemos son un caso en la ciudad de Girona: https://feminismo2030.wordpress.com/2017/02/06/conse-

bitos, si uno/a no se define como feminista, automáticamente pasa a considerarse machista[5]. Creemos que esta estrategia de blindaje y pensamiento dicotómico es perjudicial para la evolución social.

Así, hoy algunos feminismos se están convirtiendo en una «religión política», hecho que significa que se ven legitimados para asentar cátedra sobre aquello que es verdadero o falso en respecto a la interpretación de las relaciones entre géneros: hay los libros oficiales e imperativos que se tienen que haber leído para poder tener un criterio «científico» en relación a la cuestión; existen eminencias públicas que interpretan correctamente las premisas de esta «religión»; y las personas disidentes o que cuestionan ciertos aspectos generalmente son tratadas de ignorantes y, de vez en cuando, lanzadas a la hoguera con acusaciones de «machismo» o de mujeres ignorantes de su opresión[6].

Lo más fácil -y también lo más útil al mantenimiento del status quo- es caer en unas etiquetas superficiales que polarizan la sociedad y hacen imposible un debate sereno sobre contenidos reales y profundos. Cuando hay temas calientes, conflictivos (terrorismo, aborto, etc.), generalmente cuesta mantener la mente abierta y desinteresada y nos encontramos en medio de dogmas, fe, prejuicios, malas interpretaciones y, sobre todo, instrumentalizaciones variadas por parte de grupos de diversa índole, a veces para extraer substanciosos réditos (económicos, biopolíticos, políticos,

---

cuencias-de-hacer-este-blog/, un caso en Sabadell, del que hablaremos más adelante por ser un ejemplo paradigmático de las críticas que ponemos sobre la mesa, y un caso en Barcelona que es de mucha actualidad y en el que también profundizaremos más adelante. También ha sido criticada y censurada Prado Esteban, en España, por sus visiones heterodoxas respecto a algunas cuestiones de los feminismos, así como Camille Paglia en los Estados Unidos, por su crítica al puritanismo sexual en aquel país, en especial en las universidades conservadoras.

[5] De hecho, ya se está respondiendo a ciertas críticas que se están dando desde varios ámbitos con el argumento principal que provienen de machistas disfrazados que pretenden mantener los privilegios masculinos. Ved por ejemplo: *Perpetuar el machismo defendiendo la igualdad*: https://directa.cat/perpetuar-masclisme-defensant-igualtat (en catalán).

[6] Un ejemplo reciente se puede ver en este artículo de "El País", con recomendaciones para hombres y mujeres para no ser tachados de "machistas": *Tres trucos fáciles para no caer en el machismo*: http://elpais.com/elpais/2017/05/16/icon/1494941093_977585.html

etc.) Y esto es lo que está pasando hoy en día en nombre del respeto a los «feminismos». Lo queremos denunciar, pues no pensamos que sea manera de avanzar en la libertad de expresión ni en el diálogo, ni de promover el pensamiento crítico y, por lo tanto, de caminar hacia una sociedad libre y emancipada como la que queremos[7].

Dicho esto, nos disponemos a seguir desgranando el análisis y exponiendo las reflexiones que nos han surgido en el trabajo del grupo antisexista. Empezaremos antes que nada por hacer un breve repaso histórico de la evolución de los feminismos o movimientos de mujeres organizados, para situarnos y entender cómo hemos llegado dónde estamos ahora, y después pasaremos a evaluar críticamente cuestiones más concretas.

3. Revisitando la historia

Podemos decir que la historia se constituye al menos por dos polos opuestos y paralelos, la historia de las élites y de las clases privilegiadas y la historia de los que no salen en la historia, la historia de los sin poder. Tenemos que leer en el devenir histórico la lucha constante entre heteronomía y autonomía, y no una historia simple y llana como la que nos imponen. Aquello que se hace pasar por historia normalmente es siempre la de los primeros.

Así, teniendo en cuenta estos dos polos, queremos ver donde se encuentra el machismo y la dominación, si en todos los hombres hacia todas las mujeres en todo momento histórico, o si ha habido sectores sociales y momentos históricos en que esta historia llana se hace difícil de creer. Aunque

---

[7] En esta línea, Evelyn Beatrice Hall, escritora inglesa del siglo XIX, dijo: *"No estoy de acuerdo con el que dices, pero defenderé con mi vida tu derecho a expresarlo".* También Simone Weil se expresaba en estos términos: *"La libertad de expresión total, ilimitada, para cualquier tipo de opinión sin restricciones ni reservas, es una necesidad absoluta para la inteligencia."* Más recientemente Xavier Diez se expresaba en una cuestión concreta desde el mismo posicionamiento crítico con la censura: *"La virulencia de los ataques y el linchamiento público, tienen como objetivo desacreditar una persona y sus ideas, y sobretodo, impedir un verdadero debate sobre cuestiones controvertidas".* En *"Inquisicions"*: http://blocs.mesvilaweb.cat/xavierdiez/?p=269923 (en catalán).

en la mayor parte de las instituciones de poder haya habido hombres, esto no significa que todos los hombres han estado siempre en las instituciones de poder. Aunque muchas mujeres se hayan dedicado al ámbito familiar, esto no quiere decir que todas las mujeres han estado recluidas haciendo trabajo del hogar, puesto que las mujeres de las clases populares siempre han trabajado y la estricta separación entre esfera pública y esfera privada es producto de la modernidad[8]. El invento del «ama de casa» es relativamente nuevo, y sobre todo se da entre mujeres de las clases medias y altas, antes de extenderse a las clases populares.

La historia «oficial» nos explica que el hombre ha oprimido a la mujer desde tiempos inmemoriales. Es fácil imaginar a la mujer como, escuchando esta historia, a mediados-finales del siglo XIX empieza a poner sobre la mesa indignada: «¡Yo quiero ser cómo tú! ¡Soy igualmente persona, tengo los mismos derechos!» (y aquí entra en escena el feminismo de la igualdad, la primera corriente feminista entendida como tal, en el contexto de la revolución liberal). Simplificando mucho, podemos pensar que al cabo de un cierto tiempo, a partir de la segunda mitad del siglo XX, la mujer exclama: «¡Qué mierda de mundo es este, «tu» mundo, el mundo «masculino»! Y piensa… Si el mundo funciona así de mal quizás es porque mandas tú… ¿y si mando yo? Quizás la historia sería diferente…». Y en este discurso entran también la mayoría de corrientes feministas actuales, tanto los más sistémicos como los más críticos y alternativos; ambos parecen defender que un poder en femenino sería mejor.

Si pensamos que la cosa podría haber ido más o menos así, no sería extraño entender la evolución del feminismo actual como una especie de «nuevo proletariado del siglo XXI», el sujeto emancipador por excelencia de la mayoría de movimientos de izquierdas. Y desgraciadamente, si es que es así, esta historia nos recuerda mucho, demasiado, a la de la disputa por la hegemonía de la clase trabajadora en el marco de las estructuras de

---

[8] Como explica Chistopher Lasch en el libro «Women and the common life» (1997).

poder capitalistas... En vez de impugnar el poder del sistema nos inscribimos en él, apoderándonos de él[9].

Haciendo un poco de cronología podemos decir que, en primer lugar, con la revolución liberal -ilustrada- las mujeres ilustradas aspiran a los mismos derechos y deberes que los hombres ilustrados. Si bien en la Alta Edad Media en muchos lugares de Europa la mujer y el hombre participaban activamente de la vida pública en las asambleas populares de las aldeas[10], en el nuevo sistema liberal estas se ven perdiendo capacidad de decisión y actuación. Las mujeres de las clases altas ateniéndose al nuevo contexto alzan sus demandas de igualdad, que se irán extendiendo hacia las clases populares más adelante, coincidiendo con el desarrollo de la revolución industrial. En el periodo de emergencia del Estado liberal podemos ver que, por un lado, este empieza a legislar sobre muchos aspectos de la vida social basándose en el derecho romano, claramente patriarcal[11]. No podemos decir, por tanto, que todo el mal empieza en el liberalismo, sino que ya desde épocas anteriores la misoginia contra la mujer estuvo fuertemente promovida. En los siglos XVI y XVII en Europa la difusión del derecho romano tuvo un efecto en gran parte negativo sobre el estado

---

[9] Interesante la reflexión que se hace en el artículo «El empoderamiento al desnudo». *"Empoderamiento" es medrar y alcanzar puestos de poder de la "cultura dominante" en lugar de cuestionar la mera existencia de la pirámide jerárquica o su sustitución por sistemas horizontales en los que no haya roles sociales más valiosos que otros o sea necesario mejorar la influencia personal sobre los demás para ascender».* http://lasinterferencias.blogspot.com.es/2014/01/el-empoderamiento-al-desnudo.html

[10] *El cuadro que surge de estos documentos [de la Edad Media] ofrece más de un rasgo sorprendente, puesto que vemos, por ejemplo, como las mujeres votaban igual que los hombres en las asambleas y las comunidades rurales, [...] en las actas notariales es frecuente ver una mujer casada actuando por sí misma para, por ejemplo, abrir una tienda o ejercer el comercio; y esto sin necesidad de autorización del marido. Y en los registros de los recaudadores de impuestos que han llegado hasta nosotros hay muchísimas mujeres que ejercen varios oficios: maestras de escuela, médicas, boticarias, yeseras, tintoreras, copistas, miniaturistas, encuadernadoras ...»* (Régine Pernoud, "Para acabar con la Edad Media").

[11] «La codificación del patriarcado en la revolución liberal» en el libro «Feminicidio o autoconstrucción de la mujer» (Prado Esteban Diezma y Félix Rodrigo Mora, 2012)

legal civil de las mujeres en el período moderno temprano[12]. Con el retorno del derecho romano durante el renacimiento, las mujeres se ven muy perjudicadas[13]. A partir del siglo XVI se produce la sujeción de la Iglesia al poder civil (patronatos reales, concordatos..) y tanto ella como el poder secular tuvieron responsabilidad en el crecimiento de la misoginia, puesto que estaban unidos en una comunidad de intereses[14]. Hay claros indicios que frente a este derecho patriarcal que impregna las doctrinas del liberalismo estatalista se dan resistencias por parte de los hombres y mujeres de las clases populares. Especialmente, existen indicios de que el «derecho consetudinario» -derecho no codificado positivamente sino basado en las costumbres populares- era bastante más igualitario que el derecho estatal de corte romanistal.[15] Así, el Estado-Nación capitalista, basándose en el derecho romano anterior, crea leyes destinadas a privilegiar a los hombres frente a las mujeres (por ejemplo en el Código Civil francés de 1804 y en el Código Civil Español de 1889) y frente a esto encontramos diversas posturas: las mujeres, o bien luchan contra el estado liberal por sus diversas implicaciones, o se mantienen apartadas de él, porque ven sus reformas como un ataque a su forma de vida tradicional, o bien de alguna manera lo aceptan con ciertas modificaciones y reformas. Las mujeres de las clases más privilegiadas reclaman parte del pastel: «puesto que el nuevo sistema está estableciendo ciertas leyes y códigos», se dicen a sí mismas, «al menos que no nos marginen y que nos beneficien también a nosotras» (algu-

---

[12] Lo explica Merry Wiesner citada en el libro "El Calibán y la bruja", de Silvia Federici.

[13] Regine Pernoud en el libro "Para acabar con la Edad Media", en el capítulo "La mujer sin alma": https://es.scribd.com/document/346984513/Pernoud-Re-gine-Para-acabar-con-la-Edad-Media-pdf

[14] Sobre este tema se pueden consultar referencias acerca de la historia de la reforma protestante y para los países católicos se puede estudiar acerca de los patronatos reales, los concordatos y el regalismo, que son todo muestras de cómo el poder civil y el eclesiástico se fueron uniendo.

[15] David Algarra en su libro «El comú català» (2015) explica que uno de los aspectos que sorprende más de la Cataluña medieval es la independencia y la igualdad de la mujer ante el hombre en todos los ámbitos (p.91). Las cartas de poblamiento en varios casos hablan de la igualdad política de las mujeres y los hombres en el marco del común de vecinos.

nos ejemplos de esta postura serían la conocida Mary Wollconescraft, autora de «Vindicación de los derechos de la mujer» y otras como Olympe de Gouges durante la Revolución Francesa)[16]. Los escritos que encontramos por la igualdad de derechos son, obviamente, de estas mujeres ilustradas. Las mujeres de las clases populares se hace difícil ver qué hacían puesto que no escribían, pero cómo hemos dicho en la cultura popular encontramos claras muestras de resistencia en actos.

Así, estas reivindicaciones ilustradas son ejemplo de lo que se ha denominado feminismo de la 1a ola, dentro del cual encontramos el feminismo liberal que pone el énfasis sobre todo en la igualdad legal y de oportunidades, el sufragismo, etc.[17] Está claro que, en el mismo contexto liberal más tardío surgen también otros «feminismos»: el feminismo socialista enmarcado en movimientos revolucionarios como el marxismo, el anarco-feminismo...

Los «movimientos» y paradigmas de la 1a ola comparten el enfoque de la igualdad, la voluntad de una participación «empoderada» y equitativa de las mujeres tanto en los estratos del sistema de poder cómo en movimientos «revolucionarios» más de izquierdas («Mujeres Libres», por

---

[16] La misma Olympe de Gouges fue guillotinada por los revolucionarios liberales franceses por escribir la «Declaración de los derechos de la mujer y la ciudadana» donde recordaba que la revolución liberal no podía ser un paso atrás como de hecho era, sino que había que mantener la igualdad entre ambos sexos propia de la Edad media, que pone de manifiesto Regine Pernoud en su libro «Para acabar con la Edad Media».

[17] Emma Goldman, ya en 1906 hacía la siguiente crítica al sufragismo: "*¡Libertad e igualdad para la mujer! Qué esperanzas y aspiraciones despertaron estas palabras cuando se pronunciaron por alguna de las más nobles y valientes almas de aquellos días (...) Mi esperanza se encamina igualmente hacia ese objetivo, aunque mantengo que la emancipación de la mujer, como se interpreta y se pone en práctica en la actualidad, ha fracasado en conseguir ese gran fin. Ahora la mujer debe hacer frente a la necesidad de emanciparse a sí misma de la emancipación si realmente desea ser libre (...) ¿Qué ha conseguido con su emancipación? Igualdad de sufragio en algunos Estados. ¿Esto ha purificado nuestra vida política como algunos bienintencionados predecían? Ciertamente no (...) Para la gran masa de muchachas y mujeres trabajadoras, ¿cuánta independencia alcanzan si la carencia y ausencia de libertad en el hogar es sustituida por la carencia y ausencia de libertad en la factoría, en el taller, en los almacenes o en la oficina?*" (Glodman, 1906, "La tragedia de la emancipación de la mujer").

ejemplo). También comparten una perspectiva sobre todo política del cambio, política en el sentido más restrictivo del término.

Los feminismos de la 2a ola (años 60's, 70's y 80's del siglo XX), entre los cuales encontramos el feminismo radical de izquierdas, el eco-feminismo, el feminismo cultural... son inseparables de la emergencia de los nuevos movimientos sociales o de la Nueva Izquierda que se encontraba en auge en aquel momento. Existe una parte de este feminismo más esencialista, que remarca «la diferencia» entre sexos-géneros, sin negar una igualdad a nivel legal pero tampoco restringiéndose a ella. Por otro lado, el construccionismo social empieza a entrar en escena, a raíz de la academización de los feminismos y de su teorización; esto es, el énfasis en la construcción cultural del género y en todas aquellas implicaciones sociales que comportan las diferencias biológicas.

Estos feminismos de la segunda ola centran su enfoque en lo personal, no sólo en el cambio estructural, político...sino que se rigen por la famosa máxima de «lo personal es político», puesto que en los rincones más íntimos se reproducen las relaciones de poder.

Las mujeres se empiezan a narrar a sí mismas como grupo social oprimido por los hombres a lo largo de la historia. La reproducción y la maternidad se ven como carga y se replantea su obligatoriedad. Del mismo modo, la institución de la familia se entiende como fuente de opresión y se encuentra en el punto de mira de las críticas feministas. La sexualidad con penetración y otras prácticas heterosexuales se equiparan a «patriarcales». Se cuestiona una feminidad que parece que nos venga dada de manera natural: se empiezan a crear grupos de mujeres para poner en tela de juicio aquello que parece venir dado y redefinir roles y sentires de una manera más consciente. Emerge el lesbianismo como opción política y no sólo sexual, tratando de evitar así las relaciones de dominación. La violación no se entiende tanto como un acoso sexual sino como una cuestión de poder. En general, los feminismos de esta época contribuyen a traer la politización de la vida hasta los rincones de lo más íntimo.

La izquierda hasta aquel momento se había negado en gran medida a hacer un análisis personal de las opresiones más allá de aquello macro/estructural general (opresión de clase) y el feminismo bajó este análisis también a la vida personal, a aquello micro, específico. Mostró que no era suficiente luchar contra el Estado, contra las estructuras externas de dominación, sino que las relaciones de dominación se reproducían con más o menos intensidad en la vida cotidiana y esto no se podía atribuir solo a unas estructuras externas determinadas. Esto no lo hizo sólo el feminismo sino que en los años 60's-70's muchos ámbitos de la llamada Nueva Izquierda empezaron a desarrollar una «revolución cultural». En este contexto se cuestionaba tanto el capitalismo como sus alternativas estructuralistas y politicistas (por ejemplo las tendencias mayoritarias del socialismo) que seguían reproduciendo el poder autoritario. Frente al desprecio de aquello personal para afrontar los cambios y transformar el mundo, el feminismo y otras corrientes hablan de la revolución en la vida cotidiana, «humanizando» la izquierda y cuestionando todo tipo de autoritarismos.

Seguidamente, emerge la 3a ola de feminismos que tiene lugar a partir de los años 90 y hasta día de hoy. En esta tendencia podemos encontrar el post-feminismo, el movimiento queer, el transfeminismo, la lucha LGTB...

En este marco el construccionismo social ha triunfado, se reniega y desconfía de los factores biológicos y el énfasis en ellos se equipara a biologicismo o determinismo: todo es cultura y el resto son restricciones conservadoras. La concepción negativa de la libertad[18] es también fundamental: «cada cual con su cuerpo puede hacer lo que le dé la gana». Las etiquetas que remarcan una determinada identidad, en este caso de género y/o sexual se ven como un constreñimiento y una limitación y se propone la disolución de etiquetas[19]. La identidad existe pero se rehúsan las etiquetas. Esta tendencia tiene mucho que ver con el contexto postmodernista imperante en varios ámbitos, así como sus derivados (post-estructuralismo, etc.) Desde esta perspectiva se pone énfasis en aquello subjetivo y no tanto en las relaciones generales, así como en el análisis de los poderes

---

[18] La concepción positiva de la libertad implica una libertad "para algo", mientras que la negativa se entiende como una "ausencia de restricciones".

[19] Una crítica interesante a este enfoque se puede encontrar en el texto «Contra la teoria queer»: http://www.ciudaddemujeres.com/articulos/Contra-la-teoria-Queer

no sólo estructurales sino más concretos e invisibles (micropoderes) siguiendo la línea del discurso de Focault que empezó a ponerse de moda a finales de la segunda ola.

En este sentido, como las identidades se entienden como una construcción social, aumenta la transversalidad y complejidad de las miradas: se hace hincapié en que es diferente ser hombre rico o pobre, mujer blanca o negra... se detectan diferentes niveles de privilegio y de opresión. Así, encontramos un enriquecimiento en la complejidad del análisis frente al feminismo anterior, pero esto también comporta «fijarnos tan detenidamente en los árboles que nos olvidamos de ver el bosque» (dinámica clave en la que fácilmente deriva la epistemología posmoderna).

De hecho, a partir de aquí, la tendencia va más allá del construccionismo social: a diferencia de las diversas corrientes que proponen «construirse de otro modo» o que hablan de «nuevas feminidades/masculinidades», este discurso promueve la deconstrucción de género y el cuestionamiento del binarismo sexual. Emerge una tensión entre (re)definir el sujeto femenino y masculino o demoler la categoría de mujer y hombre[20]. La tendencia construccionista bebe de la diferenciación sexo/género hasta llegar a denunciar el binarismo sexual que no incluye caracteres sexuales menos definidos o claros, apostando por una complejidad de género cambiante y que se puede ir transformando.

Desde esta perspectiva se da mucha importancia a las prácticas e identidades sexuales no normativas y no hegemónicas: muchas personas se

---

[20] Es interesante ver que este discurso que trata de superar los problemas de las relaciones entre géneros saliendo del género, puede ser al mismo tiempo perfectamente asimilado por el sistema de dominación actual. De hecho, la tendencia unisex está a la orden del día, y, como dice Robert Kurtz en el texto «Virtudes Femeninas»: https://aginteahausten.wordpress.com/2015/11/09/virtudes-femeninas-crisis-del-feminismo-y-management-postmoderno-robert-kurz/ *«Asistimos, al menos en las metrópolis en las que se concentra el capital financiero, a una inquietante convergencia entre los sexos y los roles que les son asignados. (...) Lo andrógino, sea masculino o femenino, sabrá movilizar su "sensibilidad" en la misma medida que su "firmeza", para vencer a la competencia, y combinar en el ámbito profesional competencias relacionales basadas en las emociones, a fin de que la máquina siga haciendo dinero.*

unen en su promoción y emerge una «contracultura» basada en dar visibilidad a la marginalidad de formas de hacer diferentes a la norma, sobre todo en el terreno» sexual.

El construccionismo ha hecho aportaciones ineludibles al debate entre naturaleza y cultura, y es una reacción lógica al esencialismo que muestran algunas tendencias feministas como el ecofeminismo, o algunas tendencias conservadoras y retrógradas. Pero es fácil al hacer una crítica, salir del fuego para caer en las brasas. Para salir de ciertos atolladeros o posiciones dicotómicas podríamos tener en cuenta las teorías que ponen el continum de los sexos o la intersexualidad en el centro del debate, que de hecho no son nada nuevas y coinciden esencialmente con las visiones postfeministas de las que hablamos en la actualidad. Así, ya a finales del siglo XIX se puso sobre la mesa la realidad de la «intersexualidad» para los caracteres sexuales así como más adentrados en el siglo XX los feminismos entendían el género dentro de un marco del «continuo de los sexos»[21]. El sistema sexo-género no puede explicar la realidad sexuada de las mujeres y los hombres e intenta explicarla en base a categorías estancas, dándole importancia a lo biológico leído desde lo cultural, sin reparar en las biografías de cada cual, quitándole frescura a lo identitario. Por otro lado, la mayor parte de la antropología defiende visiones que aluden a una interrelación entre naturaleza y cultura en la que ninguna domina a la otra sino en que se influyen mutuamente. La realidad física y biológica existe pero siempre es vivida de forma distinta al pasarla por el filtro de la propia experiencia, la propia biografía. De ahí la importancia de la cultura, pero de una cultura que no tenga que negar la naturaleza ni imponer dogmas u ideologías para sostenerse, negando al cuerpo y a las experiencias subjetivas.

El feminismo más «alternativo» en los últimos tiempos pone en el punto de mira el uso «sexista» del lenguaje y trata de promover alternativas (como su feminización o el uso de vocales que no remarquen un género u otro); se hacen relecturas de la historia para fomentar la visibilidad de las mujeres que también han sido parte activa de ella en numerosos campos

---

[21] Una explicación de esta cuestión se puede encontrar en el artículo «De los sexos y sus diferencias»: https://csolagatonera.files.wordpress.com/2017/01/delossexos.pdf

(ciencia, arte, espiritualidad, literatura, revoluciones..); los hombres empiezan a ser requeridos a explorar sus propias emociones y sentimientos, sus propias opresiones...Sin embargo, la mayor parte de la energía hoy en día está focalizada en la lucha contra la violencia machista y el abuso. Desde nuestro punto de vista el enfoque actual se denomina alternativo sobre todo porque las formas que usa son asamblearias, pero esto no tiene porqué querer decir que sus contenidos sean especialmente revolucionarios. De hecho, el enfoque del feminismo alternativo actual coincide en gran medida con el del feminismo «oficial» o sistémico por el hecho de articularse alrededor de la cuestión de la «violencia de género». Esto también tiene que ver con el contexto, con la debilidad de las posiciones «revolucionarias» en general en nuestra sociedad y, por lo tanto, no nos tendría que sorprender especialmente.

El feminismo más «oficial», que es el que llega a grandes capas de la población a través de los medios de masas, ha cooptado desde hace tiempo ciertas virtudes de los feminismos iniciales para sus propios fines. Se trata, en cualquier caso, de un feminismo liberal, basado en promover que las mujeres logren lugares de poder en el sistema jerárquico y competitivo en el que vivimos; se crean Ministerios de Igualdad, leyes estatales contra la violencia de género que son muy cuestionables a nivel de derechos humanos (cambiando la presunción de inocencia por la presunción de culpabilidad, por ejemplo). Más adelante entraremos en detalle en estas cuestiones.

Finalmente, podemos decir que actualmente se está llegando a un nivel intolerable en el uso de lo que podríamos denominar claramente «propaganda» respecto a la cuestión de las relaciones entre sexos-géneros: se construye, partiendo de una realidad real pero parcial, un fantasma del «terrorismo machista» para dominar la sociedad y dividirla, creando miedos y tabúes y fomentando un discurso único. Podríamos decir que este «feminismo» de alguna manera toma lo «peor» de las dos tendencias históricas que hemos analizado. En su vertiente «positiva», de la tendencia liberal, la cuestión de la voluntad de lograr lugares de poder y ser iguales que los hombres en este sistema perverso, y de la tendencia más «heterodoxa», conecta con el discurso y las prácticas contra la violencia y la opresión, promoviendo la creación de leyes, aumentando la vigilancia estatal y policial de la población y aprovechando sus medios de difusión para fomentar un discurso generalista que presenta a los «hombres» como sector homogéneo a enfrentar, cosa que tiene un claro impacto en cómo se están desarrollando las relaciones afectivas en la actualidad[22].

4. De feminismos y antisexismos

Para empezar a concretar más nuestras reflexiones, la primera pregunta que nos hacemos es: ¿qué entendemos por feminismo? No negamos el/los feminismo/s ni nos definimos como anti-feministas, puesto que nos sentimos comprometidas a tener en cuenta la opresión específica que sufre la mujer por el hecho de ser mujer, y la parte «de injusticia» y agravio histórico que este hecho puede haber comportado para muchas de nosotras y que todavía comporta hoy en día en muchas sociedades y territorios de este mundo, por muy o muy poco «desarollados» que se supongan. No obstante, sin desechar la etiqueta de feminismo/s, nosotras decidimos hablar de antisexismo porque pensamos que es una etiqueta más amplia, y a pesar de que no nos gusta usar etiquetas -esperamos que podáis entender lo que decimos más allá del apelativo que nos ponemos- creemos que define mejor el hecho de que, con determinados feminismos, a pesar de compartir parte de sus análisis y reconocer los mismos hechos, diferimos en ciertas cuestiones tanto de observación de la realidad, como de análisis de las causas de las problemáticas que señalan, en la estrategia que encuentran para superar los problemas que tenemos...y esto nos hace buscar una manera de denominarnos que remarque estas diferencias sin negar todos aquellos puntos en común que compartimos con algunos sectores feministas. No pensamos que tengamos que acabar con la identificación «feminista» que

---

[22] Toda «campaña» crea una Noosfera Social, como dice Àlex Alfaro ("La Noosfera Social", 2016). A pesar de las campañas, la violencia de hombres hacia mujeres no ha cesado sino que ha aumentado. Esto puede tener que ver, como explicamos en la nota al pie 57 de este texto, con la ampliación del concepto de violencia de género, así como podría deberse a una profecía autocumplida y a la influencia de los medios de comunicación al tratar este tema con un determinado enfoque, como argumentamos en la nota 28.

muchas personas pueden sentir como válida, tampoco queremos que se nos imponga ni auto-imponernos ninguna identificación, simplemente encontrarnos en un diálogo común sobre ideas y prácticas concretas, más allá de cómo nos queramos denominar. Haremos unas pinceladas aquí de cómo entendemos los dos conceptos y esperamos que a lo largo del texto se podrá ir dibujando también el mapa de donde nos situamos.

Entendemos el feminismo como la promoción de la mujer, de sus intereses, es decir, el hecho de poner a la mujer en el centro (del análisis, de las propuestas, de las denuncias, de las reivindicaciones, de las soluciones...). Desde hace unos años se han ido ampliando las concepciones feministas hasta poner el centro en «los valores femeninos», y en su vertiente más positiva el feminismo actualmente habla de «cuidados», de «poner en el centro la vida», trata de impulsar una «economía feminista» y también defiende otras identidades sexuales y de género no normativas, cosa que celebramos, más allá de la etiqueta que se le quiera poner y siempre y cuando no se reduzcan y se atribuyan estos discursos y prácticas a una sola corriente social.

Sin embargo, hay tendencias feministas que consideramos nocivas para la emancipación social, sobre todo, porque muestran un sexismo de signo opuesto al que denuncian las feministas, no acabando por lo tanto con el problema sino siendo parte de él[23].

El antisexismo trata de la no discriminación por razón de género, ni por «bien» ni por «mal». Contrariamente, definimos el sexismo como el hecho de tratar diferente a alguien por razón de su sexo, es decir, que nos obliguen, nos proyecten sutilmente o nos inviten abiertamente a ser o a actuar en la vida de diferente manera o con especial interés/desinterés por el hecho de tener órganos sexuales masculinos o femeninos. De todos modos,

---

[23] La tendencia más extrema es la del feminismo SCUM, aunque hay otras tendencias y grupos a los cuales los mueve una ideología del odio contra los hombres que creemos que hay que denunciar. Muchas de estas tendencias caen en esta ideología del odio sin pretenderlo, simplemente porque ciertos postulados de la teoría feminista pueden derivar hacia esto. También hace falta denunciar las tendencias feministas «oficiales» que, con la ley en la mano, juegan a una guerra de privilegios, asimetría legal y victimización que provoca mucho dolor y crispación en la sociedad.

podríamos distinguir entre sexismo-discriminación (un trato diferente con objetivo de denigrar) y discriminación positiva (una intervención favorecedora de algo/alguien con el objetivo de equilibrar). En general los feminismos tratan de poner de manifiesto la discriminación específica de la mujer en muchos ámbitos y tratan de evitar ésta con una "discriminación positiva". Una "discriminación positiva" en algunos casos puede tener sentido, pero tal y como está planteada generalmente hoy en día no nos parece adecuada. Nos parecería mejor, en algunos casos, hablar de equidad de géneros (por ejemplo al intentar que hayan siempre mujeres y hombres en puestos de co-lideraje, como hacen los kurdos o los zapatistas para fomentar la implicación de la mujer en el ámbito político; nos parece bien tratar de que haya más equidad en el reparto de las tareas domésticas, etc.) Pero en nuestro contexto, el problema con las discriminaciones positivas es el mismo que con los derechos: necesitamos una instancia de poder que dictamine, en primer lugar, cuando hay una discriminación -sostenida y no ocasional, generalizada a todo un sector de población que se pueda categorizar- y en segundo lugar, que implante medidas para subsanarla, - medidas que pueden caer en un sexismo de tipo contrario al que pretenden evitar, como pasa en algunos casos en la lucha contra la violencia de género, donde se acaba discriminando claramente a los hombres por el mero hecho de serlo, como veremos más adelante. Hoy en día estas dos cuestiones suelen recaer en instancias de poder del sistema que nos imponen su ideología y su agenda en pro de sus intereses.

Por otro lado percibimos, a nivel subjetivo, que ser consideradas discriminadas facilmente nos puede llevar a sentimientos de victimización; además, como mujeres, nos inquieta pensar que al ser promocionadas o valoradas, esto pueda ser simplemente porque hay que cumplir una cuota, y no por nuestras verdaderas cualidades y habilidades como personas. Así, si bien tenemos que tener en cuenta que no toda discriminación tiene por qué ser negativa o sexista, sí tenemos que ver y valorar también cuando una discriminación positiva apunta a la equidad de género y cuando cae en la desigualdad y la discriminación negativa.

El antisexismo tiene en cuenta las opresiones recibidas por todos los géneros y tendencias sexuales, y no sólo las que van en una dirección determinada, del hombre hacia la mujer. Aunque numéricamente las agresiones -especialmente un determinado tipo de agresiones y en unos ámbitos concretos- puedan ser mayores de uno a otra, hay cada vez más sectores sociales y personas que denuncian agresiones también por parte de mujeres (hacia sus parejas, hacia sus padres, a sus hijos) y entre homosexuales y lesbianas la lacra de la violencia y las relaciones de dominación/sumisión no desaparece. Las opresiones son algo mucho más sutiles y amplias que la mera violencia que todos podemos ver, nos afectan a todos de diferentes maneras, con muchas caras. Así, sin negar las estadísticas, que son controvertidas y se tienen que estudiar a fondo[24], tampoco nos queremos limitar a ellas, ni queremos que estas nos cierren la puerta a ir a la raíz de los problemas y ver más allá[25].

Queremos poner de relieve que las mujeres no han sido sólo víctimas sino también agentes activos a lo largo de la historia, tanto por activa como por pasiva, de su propia opresión y de la opresión de sus iguales. Esto no significa culpabilizar a nadie, sino asumir las propias responsabilidades. No podemos negar que muchas mujeres -madres, tías, abuelas, etc. han actuado de correa de transmisión de valores sexistas hacia las nuevas generaciones. También queremos poner de manifiesto los privilegios que hemos tenido y tenemos por el hecho de ser mujeres, unos privilegios que obviamos simplemente porque el sistema en el que vivimos no los reconoce ni los valora y pasamos a valorarnos sólo con la vara de medir de los valores que el sistema sí que reconoce y promueve.

Pero desde nuestro punto de vista, siguen existiendo objetivamente ciertos privilegios que como mujeres hemos tenido o tenemos: durante

---

[24] Como hace por ejemplo este artículo escrito recientemente «Comparativa de género en la pareja»:

https://docs.google.com/document/d/1HKSBbuzo9tJFNjlCKY_gnn_t-YpAgMI-ufSWYfExRZr4/edit (en catalán).

[25] En este sentido ciertos sectores del movimiento queer ya han podido constatar las limitaciones de la mayor parte de enfoques feministas a la hora de explicar las opresiones que aparecen también en colectivos LGTB. La respuesta a esta evidencia ha sido empezar a hablar de «actitudes patriarcales» que se dan en todos los sexos-géneros. Últimamente ha habido un cuestionamiento de esto también por parte de personas que se consideran feministas: «Cuando aquí también pasa»: https://directa.cat/quan-aqui-tambe-passa. (en catalán).

muchas épocas hemos podido estar con nuestros hijos en la crianza, no hemos tenido que ir al frente en caso de guerras, algunas hemos podido evitar un trabajo asalariado en muchos casos igual de alienando y degradante que la odiosa figura de «ama de casa», nuestra educación emocional nos permite un nivel de empatía y comunicación con las otras y con nosotras mismas mucho más difícil de encontrar en nuestros compañeros de sexo-género masculino, etc. Por otro lado, así como visualizamos los privilegios femeninos, queremos poner de manifiesto también las agresiones y opresiones sufridas por los hombres por el hecho de ser hombres, agresiones perpetradas por otros hombres y también por mujeres. Podemos pensar en las múltiples violencias que hemos normalizado e incluso que no advertimos porque no cuadran con nuestro esquema mental agresor-víctima[26]. En cuanto a las opresiones específicas, podemos invertir el listado anterior para ver de qué estamos hablando en el caso de los hombres.

Así, vemos la cuestión del sexismo como una conjunción de violencias, algo coyuntural y promovido por ciertas circunstancias y valores, no estructural ni natural. Por ejemplo, la violencia de los hombres hacia las mujeres tiene mucho que ver con los niveles de alcoholismo, con la degradación tradicional de los hombres en un trabajo asalariado extenuante que los ha separado de sus familias y comunidades, con leyes que han encerrado explícitamente a la mujer en el hogar y han obligado al hombre a controlarla, etc.[27] Todos estos factores de degradación social han colocado a los hombres en un rol opresor y violento, y a la mujeres en un papel de víctimas forzado, cuando no también de perpetradoras por pasiva (por

---

[26] En el Reino Unido se ha realizado esta campaña con el lema «Violencia es violencia» y se constata como la sociedad reacciona diferente a la violencia depende de donde venga, en función de los estereotipos sociales: https://www.youtube.com/watch?v=u3pgh86oyem.

[27] Por ejemplo el Código civil español de 1889, heredero del derecho republicano francés, inspirado en el derecho romano patriarcal que impone *El marido tiene el deber de proteger a la mujer y la mujer debe obediencia al marido».* A pesar de esto, no podemos decir que la opresión de género es solo una cuestión del Estado. Existen relaciones de dominación también en sociedades sin Estado, por lo que podemos pensar que la estructura social puede potenciar o limitar ciertas tendencias de los seres humanos, puede potenciar la cooperación, puede potenciar la jerarquía y la dominación, pero que estas tendencias están latentes y nunca totalmente ausentes en cualquier tipo de sociedad humana.

frustración, por ejemplo) hacia los hombres, hacia los hijos, hacia sí mismas[28]. Por lo tanto, desde el antisexismo consideramos que hace falta una mirada más cuidadosa, compleja y profunda sobre la cuestión de la opresión de género, que no basta con etiquetas fáciles y generalizadoras que desde nuestro punto de vista distorsionan la realidad.

Por otro lado, consideramos que hoy en día el feminismo está relegando a las mujeres a tratar sólo «cuestiones de mujeres». Esto está provocando, bajo nuestro punto de vista, que en determinados espacios si no se trata la cuestión de género las mujeres han dejado de estar e incluso, de pensar sobre otros temas. Parece que las mujeres cuando intervienen en el mundo tienen que hablar como mujeres, o desde la perspectiva de mujer, o de cuestiones de mujeres. Así, aunque vemos importante encarnar nuestros discursos en quién somos y visualizar las mujeres en diferentes posiciones y roles, para ampliar el arquetipo inconsciente que tenemos de qué es una mujer y que tiene que hacer una mujer, también percibimos que a veces se nos encierra en esta jaula del género y que se nos valora o promociona como mujeres, y no como personas. Desde una posición antisexista pensamos que no tendríamos que aceptar estos sesgos, estos privilegios envenenados. Cuando cantamos, cuando escribimos, cuando actuamos, a menudo los feminismos nos etiquetan como feministas simplemente por el hecho de ser mujeres[29]. Así, a pesar de que estamos orgullosas de ser mujeres, no queremos que se nos etiquete de una determinada manera simplemente por nuestro sexo. No queremos que nadie nos represente haciendo bandera de nuestro sexo como supuesto punto de unidad. Entendemos que faltan referentes femeninos y que este es un motivo por el cual los feminismos tratan de representar varios sectores sociales femeninos, pero las mujeres como mujeres somos muchas y muy diferentes, y a menudo, en nuestro contexto complejo, desgraciadamente tanto puede asemejarse una mujer a otra mujer como un huevo a una castaña. Queremos ser y actuar

---

[28] Es interesante este artículo que desmonta tabús y expone realidades sobre el maltrato femenino: "La mujer maltratadora. El tabú silenciado":

http://www.psicodinamicajlc.com/articulos/jlc/muj_malt.html

[29]Un ejemplo de esto es el de la filósofa Marina Garcés, tal y como explica en esta entrevista: "Tenemos que generar espacios de inquietud": http://www.vilaweb.cat/noticies/58238/ (en catalán).

en el mundo como personas integrales y multidimensionales, como personas con diferentes atributos, uno de los cuales puede ser nuestro sexo y lo que este hecho suponga concretamente en cada caso para nosotras, no aquello que se nos atribuya que tenemos que ser como parte de una ideología que pretende dictarnos de dónde venimos, dónde estamos, cómo nos comportamos y hacia dónde tenemos que avanzar[30].

5. De biopoder e intereses

Como hemos introducido al principio del texto, pensamos que tenemos que tener en cuenta también en nuestro análisis como se enfoca la cuestión de las relaciones entre géneros desde el punto de vista de los «intereses» que puede haber detrás de cada posicionamiento que se manifiesta. Así, en este tema, como en tantos otros, tenemos que analizar la cuestión viendo los factores que se ponen de manifiesto y tienen una raíz popular, es decir, que tienen que ver con el común de la gente (derivados de las diversas experiencias e influencias de cada cual que hemos comentado anteriormente) así como también los factores que tienen que ver con los intereses de las élites sobre la sociedad (lo que se ha denominado «biopolítica»). La biopolítica, es decir, la utilización del poder político y económico para intervenir en cuestiones vitales y dominar y manipular la sociedad a través

---

[30] Esta cuestión es importante si miramos también a nivel histórico qué referentes se recogen como precursoras feministas. Por un lado, hay un intento de recuperar figuras femeninas invisibilizadas, pero que no necesariamente luchaban por la emancipación de la mujer ni como mujeres, sino por cuestiones políticas, por contribuciones científicas por desarrollos espirituales, militares o guerreros (Ej Boudicca o Maria Nikiforovia) y por otro lado hay mujeres que luchaban como mujeres por la emancipación de la mujer, pero desde paradigmas que difícilmente encajan con los de sus sucesoras feministas. Esto puede incluir mujeres que no se etiquetaban como feministas (Ej Mujeres Libres:) *No somos ni fuimos feministas, luchadoras contra los hombres. No queríamos sustituir la jerarquía masculina por una jerarquía femenina. Es preciso que trabajemos y luchemos juntos. Porque si no, no habrá revolución social".* (Colectivo Mujeres Libres, 1936. Citado por Marta Ackelsberg, "Mujeres Libres", 1999) hasta otras que quizás se consideraban feministas pero con unos contenidos muy diferentes a los actuales y muy críticos con las tendencias que después se han desarrollado efectivamente en los feminismos (Ej. Emma Goldman, op cit).

de ellas, es una parte importante del análisis del poder estructural que a menudo nos olvidamos, absortas como estamos en luchar contra las manifestaciones del poder a nivel de estructuras externas, en nuestros círculos más próximos y en nosotras mismas. La biopolítica influye sobre los factores racionales y emocionales que entran en juego en la cuestión del género, debido a la desigualdad de poder que hay entre los sectores «privilegiados» de la sociedad y los sectores subordinados, hecho que permite imponer determinados mensajes, hacer estudios y macro-estadísticas que demuestren lo que convenga, realizar y difundir determinadas teorías y tesis, hacer leyes y desarrollar ciertas estrategias, realizar campañas mediáticas que muestren un discurso homogéneo sobre una determinada cuestión, etc.[31]

En este sentido, pensamos que es importante que las personas y movimientos que nos pretendemos transformadores y que somos críticas con la realidad vigente, en cada cuestión que valoramos y analizamos, tengamos siempre presente en la mente las preguntas siguientes: «¿A quién beneficia la manera como se enfoca esta cuestión?», «¿Quién puede tener interés/ses en que este tema se trate o no se trate, o que se enfoque desde esta perspectiva y no de otro modo?» Es decir, que no perdamos de vista la perspectiva «conspirativa» del poder, sin caer en la conspiranoia pero siendo realistas. Hay muchos medios hoy en día, psicológicos, propagandísticos y otros, que se utilizan para hacer «experimentos sociales» de diversa ín-

---

[31] Por ejemplo, el enfoque de algunas campañas oficiales contra la violencia de género. Hay que preguntarse: si no se hacen campañas contra los suicidios porque está demostrado que hablar de ello aumenta el número de personas que lo intentan, este «efecto dominó» ¿no se produce también al hablar otras cosas? Las estadísticas señalan que después de la aprobación de la LOVG y de las múltiples campañas asociadas, la violencia contra las mujeres no ha dejado de aumentar. Algunos sectores feministas lo aprovechan para reclamar más leyes, más policías y todavía más campañas, pero ¿qué es primero, el huevo o la gallina? E. Moreno en su estudio "De "violencia doméstica" a "terrorismo machista": El uso argumentativo de las denominaciones en la prensa" (2010) expone que: *"nombrar una realidad en cierta manera significa crearla o, al menos, enfocarla bajo determinado prisma. Las corrientes ideológicas que subyacen en los documentos periodísticos no son ajenas a este fenómeno y, por ello, el uso preferente de un tipo u otro de expresión refleja determinadas estrategias argumentativas".*

dole que realiza el sistema de poder puntualmente a través de sus más variados organismos (sólo hace falta que pensemos en cómo se manipula la opinión pública en el marco de las diversas campañas electorales, la promoción de lo que se ha denominado «revoluciones amarillas», etc)[32].

En el caso concreto del sexismo, hace falta que nos preguntemos: ¿qué significa la promoción por parte del Estado y del mercado, los medios de comunicación etc. de algunos discursos y prácticas supuestamente «feministas»? ¿Qué forma se le da? ¿Qué objetivos tiene? Pensamos que normalmente los discursos que se promueven responden a dos necesidades: por un lado, canalizar los anhelos, voluntades y demandas legítimas y reales de las personas y colectividades por vías inofensivas o que refuercen más al poder -estrategia de cooptación o canalización-, y por otro lado, implementar progresivamente y sutilmente una agenda que de alguna manera beneficia a las élites y que las mantiene en su poder y privilegios[33].

En este sentido, pensamos que los discursos más habituales, que tienden a magnificar la opresión de la mujer por parte del hombre, le están haciendo el juego al sistema a partir de lo que podríamos denominar una versión sexista de la tradicional idea clave del pensamiento liberal y del capitalismo encarnada por Hobbes cuando exponía que: «El hombre es un lobo para el hombre». Así, ahora la nueva retórica hobessiana para renovar y reforzar todavía más el enfrentamiento entre los de abajo -divide y vencerás- sería la máxima «el hombre es un lobo para la mujer». Este discurso está calando a fondo en las sociedades tanto en las supuestamente desarrolladas como en las subdesarrolladas y sin demasiado cuestionamiento,

---

[32] Por poner un ejemplo, actualmente está sobre la mesa el hecho de instaurar la maternidad como un derecho, y relacionado con esto, normalizar las maternidades intervenidas, como por ejemplo, la maternidad subrogada. Por otro lado, en esta tesis doctoral se pueden encontrar numerosos ejemplos de biopolítica a lo largo de la historia, desde la guerra psicológica al control de masas: "De madres y expertos. Saber/Poder en el discurso *psi* sobre el cuidado materno". http://diposit.ub.edu/dspace/bitstream/2445/99201/1/CCD_TESIS.pdf

[33] En relación a este tema, aunque no se reduce al ámbito que estamos tratando, es interesante el siguiente artículo acerca de lo que se ha denominado «disidencia controlada»: "Y tú: ¿has sido alguna vez parte de la disidencia controlada?" http://www.lasinterferencias.com/2016/12/11/y-tu-has-sido-alguna-vez-parte-de-la-disidencia-controlada/

puesto que ha conectado con las tradicionales demandas feministas por la igualdad y el empoderamiento y se tiñe de progresismo, cuando de hecho puede tener un efecto verdaderamente contraproducente, aislándonos a los unos de los otros y enfrentándonos cómo si fuéramos especies diferentes. Así, este nuevo discurso aparentemente liberador y protector podría ser poco más que un nuevo tipo de opresión.

Es importante tener presente que el interés máximo de las élites, ahora y siempre, es el de la misantropía, es decir, crear odio en la sociedad, puesto que esto las beneficia y las fortalece[34]. La violencia por razón de género es un hecho que no negamos, pero tampoco obviamos, por mucho que nos pese, que el sistema actual -estructuralmente violento- no tiene un interés real en erradicarla, sino que le es más beneficioso, de hecho, mantenerla y maximizarla que no acabar con ella (lo mismo ha pasado y pasa con la lucha contra el «terrorismo», por ejemplo). Pensamos que el poder se ha apropiado de la lucha feminista y antisexista para cambiarle el sentido, tomando de ella aquello que le sirve para que dé los máximos rendimientos a los de arriba en términos de mejorar la gobernabilidad de los de abajo. Encontramos numerosos ejemplos de esta cooptación y tergiversación en nivel histórico[35] y en varios ámbitos: muchas de las supuestas «victorias populares» que inocentemente celebramos no son sino concesiones del poder que este dispensa cuando le interesa para sus objetivos (por ejemplo, la entrada de la mujer al mercado de trabajo asalariado cuando fue necesario por cuestiones productivas, o en términos culturales, la promoción de su emancipación a través del hábito de fumar tabaco, adoptando en ambos casos la legítima y necesaria demanda de autonomía y libertad presente en la sociedad y en los movimientos feministas y canalizándola a

---

[34] Ya lo dice la famosa cita de Tocqueville: *«Un déspota perdona fácilmente a sus gobernados que no lo quieran, mientras no se quieran entre ellos».*

[35] Un caso interesante de estudiar es el origen de la fecha del Día Internacional contra la violencia hacia las mujeres y la manipulación histórica que hay detrás de él: "Historia del 25N: de un acto de terrorismo de Estado a símbolo de la violencia contra la mujer": http://www.lasinterferencias.com/2015/11/15/historia-del-25-de-noviembre-de-un-acto-de-terrorismo-de-estado-a-simbolo-de-la-violencia-contra-la-mujer/

través del mercado y de hábitos de vida perjudiciales que además enriquecen los mayores negocios capitalistas)[36]. Como ejemplos más actuales podríamos señalar las biotecnologías, la reproducción en laboratorio de la vida, la maternidad subrogada, etc. frente a los cuales nos preguntamos si son "inocentes" progresos hacia un supuesto aumento de la liberación femenina o una progresión más acentuada aún hacia la negación de todo lo vital y un traspaso de ello a esferas técnicas, industriales, legales, etc. es decir, de poder[37].

Para finalizar, es una obviedad decir que hoy los feminismos están de moda. Numerosas cátedras universitarias y estudios dedicados a esta cuestión, formando especialistas que después intervienen en el ámbito social como si fueran uno más, subvenciones jugosas para colectivos, campañas de sensibilización relacionadas con el paradigma de la opresión del hombre sobre la mujer, etc.[38] Creemos que vale la pena preguntarnos: ¿nos estamos concienciando o nos están concienciando? ¿De qué y por qué? ¿Cómo afecta toda esta promoción de un determinado discurso a la manera como percibimos la realidad y a la forma como nos comportamos?

---

[36] Las campañas para que las mujeres fumaran están muy estudiadas. Por ejemplo, Edward Bernays consiguió relacionar la liberación femenina con el hábito de fumar tabaco: http://www.enricromero.es/edward-bernays-mujeres-fumadoras/. La entrada de la mujer al mercado laboral también fue un interés capitalista que coincidió con la demanda social feminista de autonomía y emancipación.

[37] Aquí se pueden encontrar varias reflexiones respecto a esta cuestión: *"No somos vasijas, tampoco somos pajuelas"*:

http://www.lasinterferencias.com/2017/04/26/no-somos-vasijas-tampoco-somos-pajuelas/ o bien: *"Documental: explotación de óvulos y otros"*: http://www.lasinterferencias.com/2017/04/01/documental-explotacion-de-ovulos-y-otros/ y también: *"Contra el regalo de recién nacidos"*: http://www.lasinterferencias.com/2017/01/30/contra-el-regalo-de-recien-nacidos/

[38] Así, es interesante ver que muchas personas que se posicionan públicamente respecto la cuestión del sexo-género en un determinado sentido, directa o indirectamente viven de esto (por ejemplo, la figura de los agentes por la igualdad o bien las diversas cátedras universitarias sobre género). Es evidente que en este contexto se hace difícil «morder la mano que te da de comer». En "Los nuevos parias sociales: http://gestionconflictosfamilia.blogspot.com.es/2014/01/los-nuevos-parias-sociales-jose-luis.html, se dice que entorno a las 85.000 personas viven de la «industria del maltrato».

6. ¿Por qué no estamos, por qué no están?

La segregación de espacios y prácticas por razón de sexo ha sido una constante desde hace siglos. Entendemos que esta segregación de roles, que en su vertiente positiva puede ser un simple «acuerdo funcional» temporal -como por ejemplo si la mujer está gestando o criando hará un determinado tipo de tareas, o en función del tipo de tareas y la forma física de las personas se repartirán estas de una forma o de otra según el momento- puede acabar siendo problemática cuando en una sociedad heterónoma[39] se institucionaliza un determinado funcionamiento que en un momento concreto pudo ser útil y tener su sentido debido a muchos motivos -y no sólo para dominar y oprimir, como se nos dice-, y este se establece *in eternum* dejándose de cuestionar, dándose por sentado como algo rígido y absoluto , y generalizándose a todas las personas de un mismo sexo biológico sin tener en cuenta otras características específicas de cada cual.

Así, cuando la diferenciación de funciones en relación al sexo pierde sentido o una parte importante de su sentido, la sociedad se estanca igualmente en unos roles que vienen de antiguo y que son difíciles de evolucionar. En el momento actual, por ejemplo, en las sociedades desarrolladas, el tipo de trabajos que hacemos unos y otros son muy parecidos, pero culturalmente y de facto las diferencias sexistas se mantienen más estables de lo que muta la estructura y la dinámica social. La visión feminista habitual nos dice que los hombres utilizan estas diferencias para mantener a la mujer oprimida, que lo han hecho siempre y lo siguen haciendo ahora; una visión antisexista podría explicarlo cómo que el sistema aprovecha este estancamiento para mantener al pueblo separado. Una versión sinérgica podría ser que, en general, el *sistema* utiliza el arquetipo de los *hombres* oprimiendo a las *mujeres* para mantener al *pueblo separado*, rompiendo una de las uniones más básicas que sustenta desde hace milenios la trama social horizontal. Viéndolo así, no podemos decir que el Estado es neutral,

---

[39] La heteronomía significa que las normas, leyes, decisiones, etc. vienen de fuera, y las personas no podemos participar directamente en su elaboración ni ejecución. Su contrario sería la autonomía, que es una constante auto-institución de la sociedad, un replanteamiento vivo de las normas y tradiciones, decisiones, etc.

o que mantiene la misma relación de opresión con hombres que con mujeres. Estamos diciendo que el Estado históricamente ha utilizado a los hombres para oprimir a las mujeres y de este modo controlar mejor al pueblo, del mismo modo que hoy en día se sirve de un «neopatriarcado» que utiliza a las mujeres para que trabajen en favor del sistema, mientras creen estar liberándose, y las enfrenta asimismo contra los hombres para perpetuar aún más esta división.

La reflexión anterior equivale a poner sobre la mesa que lo que pasa entre hombres y mujeres no es tanto por estructura sino, en un primer momento, por coyuntura, y, en un segundo estadio, cuando las consecuencias de esta coyuntura se han fosilizado en el imaginario y las prácticas sociales, las imposiciones del poder las refuerzan y utilizan como más les conviene, transformando la complementariedad y la interdependencia puntuales en eterna competencia y dependencia[40].

Un factor importante a tener en cuenta, puesto que nos hace vulnerables a todos y a todas por igual, es el hecho que estas diferencias también han acentuado determinadas fortalezas y debilidades que nos mantienen mutiladas en determinadas facetas de la existencia humana. Así, por un lado, a las mujeres todavía nos cuesta estar activas en la esfera política-pública, como ponen de manifiesto algunos paradigmas feministas, y, por otro lado, echamos de menos a los hombres en espacios emocionales y de desarrollo personal[41]. Por ejemplo, cuando nos quejamos de la falta de participación de las mujeres en asambleas y espacios políticos, también tendríamos que visualizar la falta de hombres en otros espacios: si no estamos es porque estamos en otros lugares, si están es a expensas de no estar en otros lugares y espacios. El hecho que valoremos como un privilegio o una opresión estar o no estar en determinados espacios tiene mucho que ver con el hecho

---

[40] Ivan Illich en su libro «El género vernáculo» explica que todas las sociedades han diferenciado por motivo de género y que esto en una posición de complementariedad no tiene porqué provocar problemas, sólo en el supuesto de que el sistema imperante privilegie claramente uno de los dos y haga dependiente al otro -como pasó con la instauración del trabajo asalariado que mercantilizó la economía familiar en favor de los hombres.

[41] Esto también tiene que ver con la fragmentación público-privado que seguramente nunca antes en la historia humana ha sido tan acentuada como en nuestros días.

de que nos hemos creído aquello que el sistema nos dice que es importante, los ámbitos reconocidos, visibles, desde donde supuestamente se lleva a cabo la acción, frente a espacios de crecimiento interno y desarrollo emocional donde a menudo las mujeres somos más fuertes. Hay hombres que son auténticos analfabetos emocionales, y esto también genera muchas desigualdades y malos entendidos hoy en día y requiere trabajo personal, comprensión y apoyo mutuo. Este hecho también es una carga que influye negativamente en la vida de muchos hombres y de las mujeres con quienes comparten espacios, proyectos y amores. ¿Por qué no lo entendemos como una opresión de género? Así, si bien es cierto que las mujeres nos tenemos que "empoderar" en unas determinadas capacidades, los hombres también lo tienen que hacer en otro sentido. E igualmente lo tenemos que hacer juntas, las personas. Esta es también una tarea de los grupos antisexistas que queremos promover. No vale hacernos las víctimas: vamos a trabajar para crecer realmente en todos los sentidos, como personas.

En referencia a los diferentes ámbitos donde estamos o no estamos, también nos tenemos que cuestionar si el problema es el género o el tipo de estructuras que hemos creado: las asambleas, por ejemplo, son una determinada forma de trabajo-reunión que puede ser difícil para muchas personas puesto que no estamos acostumbradas a autogestionar de forma horizontal nuestras vidas, en general nos faltan capacidades de argumentación y oratoria; también pueden ser espacios difíciles para personas con determinadas características y no sólo para las mujeres (por ejemplo, para personas más tímidas o que hablan menos, personas más prácticas, más teóricas, personas con ritmos diversos...).

Lo que no podemos hacer es castrar a las personas que de entrada tienen más habilidades para argumentar o expresarse en público, con la excusa de prevenirnos de nuestras propias debilidades. No tendríamos que hacer de las propias carencias una virtud.

Como dicen las compañeras de «Cuando abusamos del abuso...», «*en cualquier relación, sea del tipo que sea —familiar, de pareja, amistad, laboral, entre compañeros de lucha...— y se dé entre personas de igual o diferente sexo, habrá siempre alguien que tenga más tablas argumentativas para defender su postura respeto a ciertas cosas que el otro/a, habrá quien se exprese mejor, se muestre más seguro/a de sí, incluso quien grite más». También habrá una de las partes que sea más emotiva, lleve con menos calma ciertas situaciones o cuente con un gran sentido del humor que ayude a liberar ciertas tensiones... Insistimos en que estas diferencias se darán siempre que se junten dos o más individuos e independientemente de que sean hombres o mujeres, por lo que no podemos estar de acuerdo con quienes consideran alguna de estas cualidades como un signo de dominación sexista».*

A pesar de esto, no negamos que haya que analizar en distintas ocasiones (y no solo en asambleas) como influye el factor género en los espacios donde estamos o no estamos, dónde estamos más o menos cómodas, en cómo nos comportamos, etc. pero lo mismo cabría hacer un análisis más amplio teniendo en cuenta otros factores como procedencia social y étnica, rango/carisma personal, etc. que nos ayudarían a tener un cuadro más completo de las situaciones.

Por lo tanto, este tema es mucho más complejo de lo que parece y no basta con mirarlo todo con las habituales observaciones de la perspectiva feminista -a pesar de que no negamos que a veces se remarquen cosas que es necesario remarcar-. Así, más que negar estas observaciones, creemos que lo que haría falta seria ampliar el campo de visión para tener en cuenta todo lo que pasa en una asamblea y también, en otros espacios de la vida, y no sólo la selección que nuestros ojos han estado adiestrados a ver[42].

7. ¿Perspectiva feminista
o perspectiva de género?

Relacionado con lo dicho anteriormente, actualmente, cuando se habla de tener en cuenta la perspectiva de género en diferentes campos de análisis social, el lenguaje, ciertas prácticas, etc. aquello que se quiere indicar,

---

[42] En este sentido, por ejemplo, en Alemania, en algunas fiestas se dotan de «awareness teams», o «equipos de conciencia» que son un punto de ayuda al que se puede recurrir en situaciones de agresiones o conductas inadecuadas de cualquier tipo.

en realidad, es el hecho de tener una perspectiva feminista de estas cuestiones. Así pues, generalmente se está hablando de analizar la realidad con unas «gafas» que tengan en cuenta la opresión del género masculino sobre el femenino en todos los ámbitos. Frente a esta forma de proceder, que nos parece sesgada y defectuosa, apostamos por una perspectiva de género que tenga en cuenta la opresión de todas las personas, por el hecho de ser hombres, mujeres o tener otra identidad sexual: una perspectiva antisexista que visibilice la opresión que sufrimos de manera diferente por tener uno u otro sexo-género. Los privilegios, las cargas etc. que podemos observar son en muchos sentidos y no sólo de uno hacia la otra, como estamos tratando de poner de manifiesto en este texto.

Así, creemos que lo que habitualmente se denomina «perspectiva de género» se está convirtiendo más bien en un «condicionamiento feminista».

En este sentido, el actual enfoque feminista parece una competición para ver quién sufre más, quien está más oprimida, y sobre todo se centra en la mujer, en vez de ir a la raíz de las múltiples causas de los problemas que nos asolan de manera diferente. Analizar todas las cuestiones esencialmente desde la perspectiva de género convertida en condicionamiento feminista nos puede hacer obviar fácilmente otros condicionantes (psicológicos, culturales, políticos, etc.) que también juegan un papel muy importante en cómo interpretamos la igualdad, la desigualdad y la diferencia[43]

A pesar de todo, lo que hace necesaria esta «perspectiva feminista» es precisamente el hecho que, ciertamente, a menudo el punto de donde partimos no es neutral sino que el género masculino está sobre-representado y se toma como referencia. Así, se intenta hacer encajar la mujer u otras identidades en este marco y, evidentemente, como no encaja, o encaja con

---

[43] Como dice Tania Gálvez refiriéndose al feminismo, en *"50 sombras de Grey como película sobre el abuso alomaterno"*: http://www.lasinterferencias.com/2015/03/03/50-sombras-de-grey-como-pelicula-sobre-el-abuso-alomaterno-y-los-circulos-viciosos-de-la-violencia/ *«Para cambiar el mundo primero hay que intentar comprenderlo. Para comprenderlo, hay que observarlo. ¿Puedes conocer el mundo a través de un catalejo anclado en un punto fijo que enfoca solamente a otro punto fijo y te impide ver el conjunto y otros puntos de vista?»*

límites y dificultades, esto requiere analizarlo desde una perspectiva feminista y da los resultados esperados de desigualdad. Pero, si estos casos, por ejemplo cuando analizamos el tratamiento de los problemas de salud mental, se estudiaran con una auténtica perspectiva de género, seguramente los hombres saldrían también muy mal parados, con sus particulares opresiones y deficiencias. No obstante, como que se da por sentado que las que sufren el paradigma médico de una forma específica son sólo las mujeres, la opresión de los hombres en estos ámbitos queda invisibilizada, no está estudiada, así que no se puede detectar.

Siguiendo con el ejemplo de la salud mental y la medicina para ilustrar las diferencias entre perspectiva de género y perspectiva feminista, si bien es detestable que la medicina se entienda sobre todo desde el punto de vista de los hombres o sin tener suficientemente en cuenta las diferencias de las mujeres, tal y como se denuncia desde determinados sectores feministas, ¿no sería igualmente contraproducente desarrollar una perspectiva feminista sobre la salud de las mujeres? Pensamos que tendría que haber una perspectiva en la salud que tenga en cuenta cómo afecta el ser mujer o hombre a la salud, pero que no sea sexista ni por un lado ni por el otro. No creemos que la solución para evitar las perspectivas sexistas en cualquier materia sea contrarrestarlas cayendo en enfoques sexistas de signo inverso. Una cosa es tener en cuenta el sexo de las personas y cómo afecta los problemas de salud en varios sentidos, y la otra es caer en el sexismo. Esto pasa porque el paradigma actual, y no sólo en medicina, privilegia unos valores y formas de hacer que son contrarias a la vida y en los cuales no es fácil encajar,[44] Así, en vez de cuestionar el paradigma actual en su globalidad, y negarse a participar en él, los feminismos caen generalmente en

---

[44] ¿Por qué hablar de género y salud mental?: http://www.scielo.org.mx/scielo. php?script=sci_arttext&pid=S0185-33252014000400001. Seguramente muchos de estos cuestionamientos del paradigma médico masculinizado vienen ya de lejos, puesto que históricamente la medicina oficial surgió cuando los médicos - generalmente hombres de clase alta- despreciaron y reprimieron los conocimientos de la medicina popular, que generalmente ostentaban las mujeres en sus comunidades. Se puede encontrar más información al respecto por ejemplo en "El comú català" pag 110, también en los libros y exposiciones de Maria Lluisa Latorre: http://www.lluisalatorre.com/, en el conocido libro "El Calibán y la bruja", de Silvia Federici, así como en "Brujas, parteras y enfermeras", (El rebozo, Palapa Editorial, 2014), entre otras muchas referencias que se podrían citar.

intentar equilibrarlo por el lado inverso, no impugnando por lo tanto la raíz de los problemas.

8. Violencia, poder, privilegio y sociedades de dominación

Entrando ahora más en detalle en las cuestiones de fondo respecto a las visiones feministas, podemos decir que las premisas ideológicas y lecturas de la historia más habituales en los feminismos críticos, serían las siguientes:

a) Vivimos en un sistema en el cual se puede separar claramente el sexo biológico del género social.

b) El origen de este sistema y de las diferencias sexuales es sobre todo social y bebe de una intencionalidad de dominación por parte de los hombres hacia las mujeres como colectivo, tendencia que se ha convertido en una estructura que lo permea todo desde tiempos inmemoriales, denominada Patriarcado.

c) Todas las relaciones entre géneros son relaciones de dominación y por lo tanto son relaciones de poder, siempre entendidas como opresión del hombre como sector homogéneo hacia la mujer como sector homogéneo, o hacia otras identidades sexuales no normativas.

A partir de los años 90 del siglo XX se puso sobre la mesa el concepto de «violencia estructural», expresión del sociólogo Johan Galtung que fue recogida tanto por las instituciones del sistema establecido como por movimientos sociales feministas que ya hacían una crítica al Patriarcado en términos similares desde hacía años. Primero de todo, se empezaron a identificar oficialmente las relaciones entre géneros como relaciones históricas de poder desiguales de los hombres hacia las mujeres a partir de la Conferencia de Beijing de la ONU, en 1995 y de su antecesora «Declaración contra la violencia hacia la mujer», del año 1993. A partir de aquí la «cuestión de la mujer», tratada con un determinado enfoque (por ejemplo, considerando muchas mujeres del mundo como «subdesarrolladas» y «dependientes» que necesitan tener un trabajo asalariado en el sistema para salir de sus comunidades que las hacen «esclavas», a ojos del paradigma del Progreso de la modernidad)[45], se convierte en una prioridad también en la agenda de las grandes instituciones internacionales. En el año 2004 en España se aprueba la Ley Orgánica contra la Violencia de Género, que no sólo califica las relaciones entre géneros como relaciones de poder sino que califica la opresión de género del hombre hacia la mujer como una violencia estructural. A partir de este punto los feminismos oficiales y alternativos se empiezan a tocar y la degradación del feminismo como movimiento social antagónico se va haciendo más evidente, por ejemplo con los protocolos contra la violencia de género promovidos recientemente por varios colectivos sociales, que parten de esta premisa común, la violencia estructural.

Así, podemos decir que aquello que habían compartido los feminismos occidentales durante gran parte de su historia era el hecho de poner la mujer en el centro y reivindicar su igualdad, o al menos la equidad de género en cada contexto social. Pero, últimamente, desde los años 90 aproximadamente y todavía en la actualidad, lo que une más a los feminismos, ya sean de cariz institucional o más autónomos, es la lucha contra la violencia estructural del hombre hacia la mujer. En este análisis de la situación no hay discusiones y todas las tendencias están de acuerdo. El resultado más visible de esto es que las relaciones entre géneros se analizan sobre todo en términos de violencia y opresión.

La primera violencia, hay quién dice, es el género mismo, es decir, el hecho de que se imponga una determinada manera de hacer y de ser en función de nuestro sexo biológico, dificultando nuestra relación con los otros simplemente reconociéndolos como personas, no a través de las características atribuidas a su sexo, que se basan, en el peor de los casos, en estereotipos, y en el mejor, en generalizaciones. Teniendo en cuenta esto nos tenemos que preguntar si la solución a esta situación «violenta», que

---

[45] Como denuncia este artículo «Reflexiones sobre el 25-N: derechos, mercado y violencia estructural ¿Cambiamos de paradigma?» que podéis encontrar aquí: http://integralivital.net/2016/11/26/reflexions-sobre-el-25n-drets-mercat-i-violencia-estructural-canviem-de-paradigma-catcast/

puede ser sexista, y en todo caso, limitadora, tendrá que venir de uno de estos géneros o de todos los géneros.

La violencia en el sistema actual es transversal. Hay violencia de hombres hacia hombres, de hombres hacia mujeres, de mujeres hacia hombres, de padres y madres hacia hijas, de hijos hacia madres y padres, de jóvenes hacia adultos, violencia hacia los ancianos, etc. En este sentido creemos que es importante no quedarse en la cuestión numérica de quién sufre más. Es importante ver que la raíz del sexismo es la dominación que se traduce en un conjunto de violencias, en muchos casos previas a la persona que ejerce violencia, que sólo actúa de correa de transmisión. Ir a la raíz del por qué se produce la dominación y la violencia, en este caso la violencia de género, no tiene nada que ver con negarla. En este sentido, habría que estudiar las condiciones psicológicas, materiales, etc. de las personas que ejercen violencia[46] (si bien se ha dicho que «*la única cosa que tienen en común los hombres que ejercen violencia contra las mujeres es el hecho de ser hombres*»[47], sic).

Así, por un lado, creemos que es importante tener en cuenta que, normalmente, detrás una persona violenta encontramos determinados factores que son explicativos de su comportamiento, aunque esto no quiere decir que lo legitimen ni que sean atenuantes[48]. Cómo hemos dicho anteriormente, el trabajo asalariado degradador sería un factor agraviante -por ejemplo, se dice que el paso de la vida comunal a la sociedad industrial hizo aumentar mucho la violencia hacia las mujeres- los niveles de alcoholismo son también una cuestión a tener en cuenta (sólo hay que ver, por ejemplo, como las zapatistas se han prevenido de las violencias prohibiendo el alcohol en sus comunidades después de ver como aumentaban

---

[46] Cómo hace por ejemplo el estudio citado anteriormente, aunque limitado al ámbito de la pareja, y que remarca la importancia de la dependencia emocional como factor de violencia pasional «Comparativa de género en la pareja» (op cit).

[47] Protocolo contra la violencia de género en los movimientos sociales de Sabadell: http://justarevolta.blogspot.com.es/2015/06/protocol-per-la-prevencio-i-abordatge.html, aparte de ser un argumento sistémico y oficial que da por hecho que la violencia de hombres hacia mujeres es estructural.

[48] Tal como pone sobre la mesa este artículo «La violencia hacia las mujeres tiene biografía, nombres y apellidos»: http://blocs.mesvilaweb.cat/francescaguilar/?p=269883 (en catalán).

los niveles de violencia hacia las mujeres con la ebriedad de los hombres, o los mapuches, que también consideran el alcoholismo como un factor claro de división en el interior de las comunidades y de debilitamiento de su lucha) y no hay que ir tan lejos para observar como el modelo de ocio imperante en nuestras sociedades también es un factor de primer orden fomentador de la violencia: no nos alejaríamos mucho de la realidad si aceptáramos que en la mayoría de agresiones sexistas que se dan en ambientes festivos interviene el abuso de drogas y alcohol. Una crianza sin amor y falta de atención o directamente con maltrato o abusos infantiles también tiene mucho que ver. Así, ir a la raíz del problema no quiere decir negar las nefastas consecuencias de la interrelación de todos estos factores en la violencia ejercida y real que finalmente sufren muchas mujeres y hombres. Ir a la raíz del problema es negarse a contentarse con explicaciones simplistas basadas en etiquetas superficiales.

Por otro lado, respecto la cuestión del poder, vemos que no todas las mujeres ni todos los hombres tienen el mismo poder: ¿de qué mujeres y de qué hombres hablamos cuando hablamos de relaciones de opresión y dominación? ¿Qué poder ejerce el hombre como agente de dominación y qué poder ejerce la mujer como opresora? ¿Quién oprime y quien tiene privilegios? Los roles impuestos son violencia per se, decíamos anteriormente. Pero los roles se pueden ejercer de forma dominante o liberadora, partiendo del amor o con el objetivo de la dominación. Los feminismos ponen en el centro a la mujer para visualizarla, pero sólo en su parte «buena», dando relevancia a la bondad de su rol -frente a la maldad intrínseca del rol masculino-. Pero, ¿quién tiene en cuenta el poder que tienen las mujeres, aunque sea más invisible o reste invisibilizado[49]? ¿Qué «mal» pueden

---

[49] ¿Cuántas respuestas positivas sobre violencia ejercida de mujer a hombre obtendríamos si aplicamos los mismos criterios de cuantificación que las Macroencuestas que se basan en la experiencia de las mujeres? Raquel Osbrone detalla: *«Las cifras de violencia hacia personas ancianas y niños son muy altas, y quienes en medida abrumadora cuidan a estos colectivos son mujeres. Así pues, la casuística nos muestra que hay mujeres que maltratan a su descendencia, matan a maridos e incluso a hijos y apoyan la violencia en las guerras, como en el genocidio de Ruanda, en el que de los 120.000 acusados, 3.564 son mujeres (Badinter 2000: 83); torturan, como hemos visto en la cárcel iraquí de Abu-Grahib y antes ya nos enseñó el nazismo (Ibid.: 80-83); y, además, en las relaciones de pareja ejercen la violencia psicológica. Las agresiones por parte de los adolescentes, que está*

hacer y a qué niveles? Citando nuevamente a Tania Gálvez: *«El feminismo no puede pretender acabar con la violencia que sufren las mujeres sin afrontar y comprender el origen de las violencias de todo tipos, y sobre todo las que ejercen las propias mujeres en el patriarcado, tanto en el patriarcado tradicional como en el actual»*[50].

Llegados a este punto nos preguntamos: ¿es el feminismo una cuestión de quitarles poder a los hombres para empoderar a las mujeres? Si queremos cuestionar el abuso de poder en todas sus formas tenemos que tener presente que el juego de poder siempre tiene dos caras al menos y tenemos que ver todas sus caras y desde la crítica y la autocrítica de los propios poderes y privilegios diferentes que tienen todos los géneros (y ¡todas las personas! Depende de dónde hemos nacido, vivido, si somos ricos o pobres, nuestras capacidades, etc.) analizar profundamente la situación para hacerle frente integralmente. Pensamos que podemos desarrollar el propio poder y ejercerlo cómo queramos, no como una forma de dominación sino como una contribución de nuestra energía hacia la sociedad y hacia nuestro entorno.

Siguiendo con la cuestión del poder, a veces se interpretan ciertas situaciones con el prisma de la problemática de género cuando se podrían interpretar simplemente como relaciones de poder[51]. Así, en el ámbito sexo-afectivo solemos encontrar relaciones de poder, puesto que en la faceta más íntima de nuestras vidas es donde sale tanto lo bueno y mejor de nosotros mismos como también la parte más oscura y nuestras limitaciones. Esta *violencia*, que desde nuestro punto de vista tiene que ver con el modelo social de familia-pareja nuclear y la atomización social más que

---

cobrando protagonismo en los últimos tiempos, incluye asimismo a las chicas, casi siempre contra otras chicas. Del mismo modo, en las relaciones de pareja comienza a aflorar la violencia entre mujeres» (en "De la «violencia» (de género) a las «cifras de la violencia»: una cuestión política", op.cit) En relación a esta cuestión ver también, por ejemplo, el siguiente artículo: "Hombres maltratados, un tema tabú":http://www.vilaweb.cat/noticies/homes-maltractats-un-tema-tabu/ (en catalán).

[50] «50 sombras de Grey, película sobre el abuso alomaterno y los círculos viciosos de la violencia» (op.cit).

[51] Relaciones de poder, relaciones de género: http://barcelona.indymedia.org/newswire/display/494819/index.php

con una violencia masculina «natural» o «genética», a pesar de que los factores biológicos también pueden tener su peso, a menudo tampoco se entiende en estos términos y todo ello queda difuminado en una interpretación confusa bajo la categoría de «violencia de género». También hay que tener en cuenta que existen individuos con personalidades más fuertes y dominantes que en el sistema actual fácilmente ven reforzada y legitimada su posición y que se etiquetan como agresores por motivos de género, sin tener en cuenta las características concretas de su persona, más allá del factor género[52]. De hecho, últimamente, dentro de las contradicciones que llevan los discursos, nos encontramos con un rechazo a los hombres con unos caracteres secundarios muy marcados, ya sea por su postura, sus gestos, etc. Esto nos recuerda a los estereotipos que durante mucho tiempo han rodeado a las mujeres con caracteres más masculinos o a aquellas que expresan muy visiblemente su feminidad, negando en todos los casos, las realidades sexuadas específicas de los sujetos sexuados.

Así mismo, afirmar que la mujer sufre principalmente por el rol del hombre es obviar una parte muy importante de la historia, y es que las mujeres son parte activa de esta sociedad y que de alguna manera u otra, por acción o por omisión, han hecho posible también llegar hasta la situación actual en la que el sexismo está tan arraigado en nuestras vidas. Como hemos dicho anteriormente, muchas mujeres han guiado, educado, aconsejado, etc. a otras mujeres para que mantengan su rol. Muchas han juzgado a otras mujeres por no seguir este rol. Muchas han utilizado su poder para perpetuar escenarios de violencia, opresión y control. A muchas ya no nos vale la simple historia de las víctimas inocentes y los malvados perpetradores. Muchas mujeres hemos sostenido o sostenemos al patriarcado, sea por miedo, para mantener o aumentar nuestros privilegios, etc.

Así, hace falta que haya mujeres oprimidas para que haya mujeres opresoras, igual que hacen falta hombres opresores para que los haya oprimidos. Igual que hacen falta personas obedientes para que haya personas do-

---

[52] Como dice la autora de «De los sexos y sus diferencias» (op.cit): «*Pretender explicar la realidad de los sexos y sus relaciones íntimas desde una teoría del poder supone un riesgo y una parcialidad*».

minantes. Del mismo modo, hacen falta personas que reconozcan su propio poder y privilegio en la sociedad en la que viven, los roles que desarrollan, y valoren conscientemente las actitudes que tienen y las acciones que hacen, para ir disminuyendo el sexismo en nuestras sociedades.

En relación a la cuestión de los privilegios nos preguntamos: ¿podemos considerar que el ejercicio del poder con voluntad de dominar es un privilegio? El hecho de que una capacidad sea considerada un privilegio o no depende, en primer lugar, de las necesidades y formas de vida de cada cual. Así, creemos que los privilegios actuales en el fondo provienen de necesidades impuestas que no se han cuestionado. ¿Quién quiere luchar para tener los privilegios envenenados que el sistema otorga? En vez de creernos el discurso de los privilegios que nos vende el sistema, ¿por qué no cuestionamos estos privilegios desde la óptica de que son producto de un sistema que no queremos y de unos valores que no reconocemos?

A pesar de todo, no podemos dejar de tener en cuenta que hay dos maneras al menos de ver el privilegio, desde el punto de vista moral (en términos absolutos) y desde el punto de vista relativo, de los hechos concretos. Así, que sea mejor un rol que otro o que sea indiferente es una cuestión moral, es decir, que una determinada cosa sea privilegio o no es un juicio de valor, pero en todo caso lo que es seguro un privilegio es la importancia de la aceptación y valoración social de este rol para verlo como un privilegio en el cual hace falta que todos y todas nos reflejemos.

Además, el sistema utiliza determinados «privilegios» como sobornos para ponerse en el bolsillo a determinadas personas y sectores, para poner de su lado a unos contra los otros. Así, las sociedades de dominación siempre han permitido y alentado la opresión de unos sobre los otros para poner a los «privilegiados» de su parte, en su bolsillo, e impedir la lucha contra un enemigo común, que las perjudicaría.

Finalmente, en relación a la cuestión anterior de los roles, los privilegios que determinados roles nos otorgan en esta sociedad primero se tienen que reconocer, como remarcan los feminismos, pero lo importante es aquello que hacemos con ellos. En otras palabras, los privilegios por sí mismos no tienen porqué ser malos -puesto que realmente a veces no son escogidos ni impuestos, sino que nos vienen dados o bien emergen en determinadas situaciones que requieren ciertas habilidades, capacidades, valores, etc.- por lo tanto, lo importante sería, siendo conscientes de los «privilegios» existentes en cada momento, hacer hincapié en qué hacemos con estos «privilegios». Los podemos utilizar positivamente, para el bien común y desde el amor, la humildad y la autocrítica, o bien los podemos utilizar inconsciente o conscientemente, para dominar, oprimir y hacer daño a los otros. A veces, utilizarlos positivamente puede querer decir hacer un paso atrás y dejar que otras personas menos privilegiadas o capacitadas asuman roles o funciones que se les hacen más difíciles, en un ejercicio de automejora personal y colectiva, de humildad, con consciencia y sin recriminaciones.

9. De protocolos y campañas
contra la violencia de género

Una forma concreta que se ha aplicado en los últimos tiempos para hacer frente a los «abusos de género» son las campañas y protocolos, sistémicos y alternativos.

Los encuentros del grupo antisexista se han dado en un contexto donde florecen por todas partes protocolos y campañas contra la violencia de género por parte de los «movimientos sociales». Esta tendencia de protocolos y campañas ya hace unos años que se lleva a cabo desde las instancias oficiales del sistema de poder, y ahora se intenta reproducir desde abajo de una nueva manera, pero dando por sentado las mismas premisas.

Así, por un lado, en las campañas oficiales contra la violencia de género podemos observar habitualmente una victimización de las mujeres muy clara; también una incitación fácil a recurrir a la policía en la mayoría de los casos; un ánimo a denunciar, recordando la máxima del mundo orwelliano de «delatar a nuestros iguales» y un énfasis únicamente en la violencia ejercida contra las mujeres, no en toda violencia y abuso emocional que se pueda dar hacia todo tipo de personas en el marco de relaciones íntimas y de proximidad, o de dependencia -emocional, económica (esto incluye en el marco del mercado laboral, etc.)- En general se han utilizado estas campañas para anunciar los recursos disponibles institucionalmente para mujeres maltratadas (teléfonos, atención psicológica y jurídica...) dejando fuera del discurso oficial la apuesta por el empoderamiento. Las campañas y su impacto mediático en los últimos años han enfatizado cada vez más la violencia contra las mujeres como una cuestión estructural, dejando de lado otras perspectivas acerca de la misma, por lo que podemos verlas más como propaganda que como información[53].

Por otro lado, las campañas y protocolos de movimientos sociales que hemos estudiado quieren ser herramientas para hacer frente a lo que también se entiende como violencia estructural de hombres hacia mujeres. En general, nos parece que acostumbran a ser una copia de las leyes parapoliciales del sistema pero llevadas a cabo directamente por la «comunidad» de iguales. Pensamos que tratan con la fuerza y la exclusión cuestiones que son más bien psicológicas y de empatía. Normalmente pecan de falta de visión integral debido a las limitaciones del propio enfoque de la «perspectiva de género» (por ejemplo, al entender que una violación es sólo una cuestión de poder y supremacía masculina).

El protocolo que hemos analizado es el «Protocolo para la prevención y abordaje de las violencias machistas en los Movimientos sociales de Sabadell», que ha servido de punto de partida para todos los otros que se están haciendo al respeto, al menos en Cataluña[54].

Una cuestión importante a remarcar y que podemos encontrar en este protocolo es que normalmente la palabra de la víctima es suficiente para actuar contra el agresor. La presunción de inocencia pasa a ser presunción de culpabilidad, tal y cómo promueve la LOVG[55]. Se dice que *«no se tiene*

---

[53] Acerca de la incidencia de las campañas se puede consultar: Fernández Romero, D. (2008). "Gramáticas de la publicidad sobre la violencia: Ausencia del empoderamiento tras el ojo morado y la sonrisa serena". *Feminismo /s: Revista Del Centro De Estudios Sobre La Mujer De La Universidad De Alicante, 11, 15-40.* o también Fernández Romero, D. (2013). "La incidencia de las campañas institucionales sobre violencia de género en el proceso identitario". *Asparkia: Investigació Feminista, 24, 126-143.*

[54] Este protocolo se podía encontrar en línea pero debido al «mal uso» que las promotoras consideraron que se hacía de él, ahora sólo se puede obtener escribiendo directamente a las promotoras (op cit).

[55] En el marco de esta ley, si eres acusado de agresión tienes que demostrar tu inocencia, y no a la inversa.

que cuestionar la palabra de la mujer, pues la violencia machista no es una experiencia personal ni privada sino colectiva y política». Es importante tener presente los derechos de él pero no perder de vista los de ella, que está en una posición más vulnerable. *«Según el Consejo General del Poder Judicial sólo el 0,005% de las denuncias son falsas. No tenemos que perder de vista que la problemática que queremos abordar es estructural».* Con esta frase queda claro que la premisa pasa por encima del análisis concreto y nos facilita mucho el trabajo a la hora de explicar cualquier cosa, en este caso construir un discurso simplista. Se habla de escuchar también la versión del hombre, pero seguidamente se explicita: *«la versión del hombre servirá más bien para buscar agravantes (negación, no aceptación de los protocolos, etc.) no para poner en cuestión la versión de la mujer».* Así pues, si eres hombre, todo lo que digas puede usarse en tu contra. Nosotras pensamos que en un conflicto siempre se tienen que escuchar las dos versiones, pues toda historia tiene al menos dos caras. A no ser que sea un ataque unilateral, normalmente se da en el marco de algún tipo de interacción bilateral, en el que cada cual tiene alguna parte de responsabilidad en lo que pasa. Al juzgar cómo actuar para hacer frente a situaciones complejas habrá que ver si nos encontramos ante una agresión o en un conflicto, pero no dar por sentado que siempre se trata de una agresión y que esta se da siempre en la misma dirección. Así, es curioso ver que si antiguamente la ley consideraba que no se tenía que cuestionar al hombre, ahora se considera que no se tiene que cuestionar a la mujer[56].

---

[56] Las leyes de separación y divorcio, así como la famosa Ley Orgánica contra la Violencia de Género de 2005 privilegian específicamente a la mujer en muchos sentidos. Por ejemplo, muchas mujeres han utilizado el amparo de esta ley para tener acceso a un divorcio fácil y rápido denunciando violencia de género, obviando o en algunos casos desconociendo, que esto implicaba la cárcel para su ex pareja ("Los presos por violencia de género ya son el tercer mayor grupo en las cárceles españolas": http://www.elconfidencial.com/espana/2017-01-03/violencia-de-genero-condenado-preso-comun-carceles-espanolas_1311433)). Esta ley privilegia las madres en la custodia de los hijos (en un 87% de los casos), corrompe la presunción de inocencia, y fue denunciada ante la Comisión Europea el año 2010 por lo que esta se pronunció exigiendo al Gobierno español que el Ministerio de Igualdad desapareciera o que también deberían desaparecer los Institutos de la Mujer. Se habla ya de los hombres separados y juzgados por estas leyes como «nuevos parias» dado que si bien en general la pobreza afectaba más a las

Continuamos analizando con detalle este protocolo:

- Se entiende el conflicto entre hombres y mujeres como síntoma de dominación de uno sobre la otra. Así, si todo se interpreta como abuso, no se puede dar una verdadera relación de igualdad, puesto que una ve en cualquier detalle del otro una agresión y se entiende a sí misma como víctima.

- La magnitud que toma el concepto de «violencia estructural» es fundamental para entender cómo se actúa. Nos dicen *«Sabemos que hay otras violencias pero que en ellas no hay intencionalidad de subyugación, subordinación de las mujeres en un contexto patriarcal»* (o sea que la cuestión se politiza, se convierte en una ideología, no en un factor psicológico, traumático etc. sino que se interpreta que el problema es la estructura, el patriarcado en este caso). *«Entendemos que hay otras violencias, de mujeres contra hombres por ejemplo, pero no son objeto de este protocolo porque a pesar de que las consideramos igualmente graves no tienen la misma intencionalidad»* (seguir manteniendo la situación de subordinación de las mujeres en el contexto patriarcal y responder a una violencia estructural). Leyendo esto nos da la sensación que el protocolo más que responder a unos hechos determinados y concretos es la plasmación de una ideología, una interpretación de estos hechos en clave de violencia estructural. Creemos que podría ser liberador pensar fuera de la categoría de intencionalidad del hombre, así como no interpretar que éste disfruta o se beneficia de las consecuencias de su rol.

- Cuando se habla de violencia de género se hace referencia sobre todo a la violencia en las relaciones sexo-afectivas o íntimas. ¿Por qué no se

---

mujeres divorciadas, en los cinco últimos años, los padres divorciados han superado a las madres divorciadas en un 20%. Véase: "Los nuevos parias sociales": http://gestionconflictosfamilia.blogspot.com.es/2014/01/los-nuevos-parias-sociales-jose-luis.html. También es importante mencionar que la ley de género hizo que se modificara el código penal para endurecer algunas penas en caso que el agresor fuera un hombre acusado por delito de género. En todo caso al citar estas cifras es difícil no caer en fuentes sesgadas y en parte reaccionarias, pues se expresa de esta forma el malestar de los hombres frente a las injusticias del sistema, ante el silencio y la auto-censura de personas y fuentes que podrían expresar este malestar de forma menos interesada.

interpreta en estos términos, cosa que implicaría la posibilidad de un análisis más completo y complejo, en vez de hacerlo exclusivamente en términos de género? La violencia en otros contextos sólo se cita de pasada. Se pone sobre la mesa la violencia tanto en el ámbito público como en el privado, pero después el protocolo se centra sólo en el ámbito privado (y particularmente en el ámbito de las relaciones sexo-afectivas).

- Se considera que no hay ninguna característica propia de los hombres maltratadores: *«aquel colectivo con el cual tiene más cosas en común un maltratador es con el resto de hombres»*. Así, partiendo de esta visión, ningún hombre está libre de ejercer la violencia de una forma u otra. La única cosa que los une es que son parte de una «masculinidad hegemónica» opresora. Esta visión nos está diciendo que todos los hombres son unos maltratadores en potencia, cosa que nos cuesta de tragar y que consideramos falsa.

- Encontramos también en el protocolo la idea que ella no tiene nada que ver, no es responsable. El problema es la existencia de un sistema productor/reproductor de dominación de las mujeres por parte de los hombres. Un desigual posicionamiento de hombres y mujeres en la ejecución, manifestación y abordaje de la violencia: *«El hombre tiene elección, en cambio la mujer, no»* (es el hombre quien se puede comportar de otro modo, no la mujer. En este cuadro el hombre es quien hace la acción y la mujer la mera receptora de un conjunto de agresiones).

- *«Los grupos de hombres en los movimientos sociales tienen que ser grupos feministas, que trabajan contra el patriarcado y las violencias machistas, sino es muy probable que se conviertan en un grupo de camaradería masculina que se tiene que evitar, al contrario que la camaradería femenina»*. Para nosotros esto desde el punto de vista de la autonomía es totalmente inaceptable. Los grupos, tanto de hombres, como de mujeres, como mixtos, tienen que servir para pensar sobre lo que se quiera y desde las perspectivas que se consideren oportunas, sino, ¿dónde queda la libertad de conciencia? O ¿es que queremos convertir los «movimientos sociales» en grupúsculos donde se tiene que seguir una cierta doctrina para formar parte? Se dice que los hombres no tienen que tejer alianzas entre ellos sino con hombres y mujeres. Las mujeres nos tenemos que organizar colectivamente -como mujeres, y feministas, está claro-, pero los hombres no. Evitar la camaradería entre los hombres es una recomendación de este protocolo.

- Los hombres en la sociedad actual tienen unos ciertos privilegios, para acabar con la violencia machista hay que acabar con estos privilegios. ¿Queremos ser nosotras las privilegiadas? ¿Con qué privilegios queremos acabar y qué queremos mantener? ¿Qué consideramos privilegios? Ya hemos hablado de la cuestión del privilegio con anterioridad, así que no entraremos en ello ahora de nuevo.

- Se insta a luchar contra la *«violencia ambiental»* y los ejemplos que se ponen para ilustrar esta son *«Atribuir tareas y espacios desiguales en función del sexo»* (hecho que, por otro lado, si es para «favorecer» supuestamente a las mujeres, está permitido e incluso bien visto por parte de los feminismos, aparte de que parece confundir diferencia y desigualdad, como es también habitual en estos ámbitos[57]) o bien *«Frivolizar o menospreciar contenidos de la lucha feminista»* (esta frase nos suena a censura y nos recuerda por ejemplo a la prohibición de «quemar la bandera española», que se ve como una ofensa a la patria). La consideramos un claro ataque a la autonomía personal, al pensamiento crítico y a la libertad de conciencia y expresión.

A pesar de todo lo que hemos comentado hasta ahora, tenemos que decir que los protocolos tienen un elemento interesante que es que tratan de abordar colectivamente los conflictos desde los movimientos sociales y no mediante las leyes estatales -a pesar de que en última instancia, si no se puede hacer nada desde la base sí que se recurre a las instituciones del sistema-. En este sentido, pensamos que son positivos porque la forma que asumen es alternativa a la manera de abordar los conflictos que se promueve en el marco del sistema actual, una forma más horizontal e implicando a la comunidad. Aun así, cómo hemos visto, el fondo no se cuestiona

---

[57] Como ya criticaba Emma Goldman en su conocido ensayo «La tragedia de la emancipación de la mujer»: *"La paz y armonía entre los sexos no depende necesariamente de una superficial igualación entre los seres humanos; ni tampoco supone la eliminación de los rasgos y peculiaridades individuales".*

y los argumentos de base son prácticamente los mismos en estas prácticas alternativas y protocolos que en los feminismos oficiales. El funcionamiento asambleario es loable pero por si solo no garantiza que se tomen buenas decisiones. Una buena estructura - forma (democrática, comunitaria...) no tiene porqué implicar una ética o una cosmovisión acertada por defecto en aquel colectivo. Por eso, creemos que es importante no sólo cuestionar la forma de estas prácticas para luchar contra la violencia, sino también el fondo y, si hace falta, hacer autocrítica de las premisas desde las que partimos. No puede ser que en nombre del feminismo se esté protocolarizando cada acercamiento de los hombres hacia las mujeres, entrometiéndose en la vida de muchos de nosotros, convirtiendo los espacios colectivos en lugares kafkianos.

Para finalizar con esta cuestión de los protocolos y campañas, queremos decir que en general, desde el grupo antisexista, hemos querido analizar e indagar cómo afectan a hombres, a mujeres y a personas con diferentes identidades sexuales, y a la relación entre todas ellas, los diversos discursos de nuestro entorno (desde el ámbito del porno, de la publicidad, de los feminismos, de las prácticas alternativas, de las leyes y las instituciones estatales, etc.). Vemos que como seres sociales que somos, todos los discursos de «la arena pública» tienen una influencia en cómo percibimos la realidad, en nuestra forma de sentir, las acciones que emprendemos, las posibilidades que visualizamos, etc. Si esto no nos afectara, no existiría la publicidad, ni las campañas de todo tipo, ni los programas de opinión, etc. Teniendo en cuenta esto, ¿qué diferencia hay entre campañas de propaganda y campañas de prevención y concienciación? Normalmente se dice, por ejemplo con los suicidios, que hablar de ello aumenta el número de personas que llevan a cabo este acto. Por eso, generalmente las estadísticas de suicidios son difíciles de encontrar y no se difunden demasiado y, a pesar de que el suicidio es una lacra en nuestras sociedades, raramente se habla de él puesto que se considera un tema tabú.

En este sentido y volviendo al tema que estamos tratando en este texto, nos preocupa que tanta insistencia en la cuestión de la violencia de género no refuerce más precisamente aquello que pretende evitar. Los datos muestran que a pesar de la «prevención» de los últimos años, en forma de leyes, campañas, efectivos policiales, etc. las cifras de agresiones de todo tipo siguen aumentando, necesitando por lo tanto más «prevención»[58]. En todo caso parece claro que determinadas premisas ideológicas o lecturas de la historia generan determinados discursos y acciones, que a su vez provocan determinadas emociones y climas. El clima de alarma social generado a partir de la violencia machista (que incluso se ha llegado a denominar «terrorismo machista») ha creado una tensión colectiva considerable, destacando fuertemente una violencia por encima de todas las otras, a pesar de que el Estado Español es uno de los países europeos con menos violencia contra las mujeres. Sin negar la existencia de esta violencia y la necesidad de hacer algo, es evidente que tenemos que ser críticas e ir a la raíz de estos problemas: cómo se generan, cómo se pretende prevenirlos[59],etc., para no caer en un círculo vicioso del cual cada vez se hace más difícil salir. No deja de ser sorprendente que en una sociedad estructuralmente violenta se señale con tanta insistencia un determinado tipo de violencia y el resto no se interprete, ni se condene, ni se «prevenga» por igual (la violencia hacia los niños, hacia la gente mayor, la violencia laboral, etc.). En todo caso, cuando se señalan otros tipos de violencia con la intención de ponerlas en la prioridad de "la agenda de prevención" oficial, se sigue manteniendo un

---

[58] ¿Podríamos hablar de profecia autocumplida? https://es.wikipedia.org/wiki/Profec%C3%ADa_autocumplida. En cualquier caso, aparte de esto, el augmento de casos también tiene que ver con la ampliación de los conceptos de violencia y maltrato, Se confunde sexismo con maltrato. Como dice Raquel Osborne *"Hemos de tener en cuenta siempre como punto de partida la distinción entre «la violencia» y «las cifras de la violencia»: entre la definición «abstracta» de la violencia y las cifras median los «indicadores» de qué se considera violencia, y ello depende en buena parte, en primer lugar, de la toma de conciencia del problema y, en segundo lugar, de los diversos intereses en liza; en definitiva, es una cuestión política.* (Osborne, Raquel: De la «violencia» (de género) a las «cifras de la violencia»: una cuestión política": https://dialnet.unirioja.es/descarga/articulo/2686275.pdf, publicado en la revista Empiria (Revista de Metodología de Ciencias Sociales), n. o 15, enero-junio 2008.

[59] En los presupuestos para la prevención de la violencia de género quien sale ganando es siempre, con mucha diferencia, el Ministerio de Interior. Cosa que indica claramente cuáles son las prioridades en la forma de enfocar y resolver el problema.

enfoque institucional y legitimador de la intervención estatal en el cada vez más debilitado individuo y la más triturada comunidad[60].

Finalmente, creemos que una buena manera de salir del mal paso donde hemos caído sería contraponer «humanización» a «protocolos». Los protocolos están destinados a situaciones de emergencia, donde hay que ahorrar tiempo, y tienen que tener en cuenta todos los factores. Por lo tanto, es difícil cuestionar un protocolo de actuación en situación de emergencia, puesto que están hechos para ser resolutivos y hay que obedecerlos. Pero en el caso de los protocolos feministas, que parecen igualmente incuestionables, esto no pasa por falta de tiempo sino por factores ideológicos que justifican el hecho de no tener que pensar. Así, el protocolo se ha convertido en una doctrina, o el protocolo es la herramienta para aplicar una doctrina, y no para hacer frente a una situación de emergencia[61]. Lo urgente no tiene por qué ser lo importante.

---

[60] En los últimos años hemos visto un proceso paralelo con el abuso escolar (bullying): protocolos, expertos, recurrir a la policía, teléfonos de atención a la víctima ...

[61] Desde la aprobación del protocolo de Sabadell y durante el transcurso de las reflexiones de este texto, hemos conocido dos casos en los cuales la interpretación que se hace en ellos de la violencia de género y la alternativa feminista que se propone de forma más o menos implícita ha generado muchos problemas y tensiones en los movimientos sociales. En la ciudad de Girona, como hemos comentado al inicio del texto, se ha tratado de expulsar a una persona de los centros sociales de la ciudad por tener este blog: http://feminismo2030.wordpress.com/. En Sabadell mismo, los movimientos sociales se han dividido también por esta cuestión, dos años después de la aprobación del protocolo analizado: el CSOA La Obrera, un centro social heterogéneo y popular de la ciudad, ha sido acusado de no actuar frente al machismo por unos comentarios en whatsapp cuestionando un taller de gimnasia no mixto que se hizo en el espacio. El Movimiento Popular de Sabadell, el mismo que hizo el protocolo analizado, se ha desvinculado de La Obrera por no querer expulsar del centro social a la persona que hizo estos comentarios. (https://m.facebook.com/justa.revolta/photos/a.355603281310838.10 73741826.355603214644178/619172281620602/?type=3). El Grupo de mujeres de la Obrera y el Grupo de mujeres de la PAH Sabadell han decidido tratar la cuestión a su manera (https://m.facebook.com/story.php?story_fbid=1908121 209474968&substory_index=0&id=1732486587038432), sin expulsar a nadie, y han sido acusadas de complicidad machista así como de no ser capaces de gestionar sus asuntos saliendo del típico discurso y protocolo feminista. El último caso que ha trascendido en los medios catalanes se trata del boicot a grupos musicales,

10. Sexualidad, cuerpo y poder

«Queremos un mundo sin abusos, nos negamos a seguir siendo víctimas de igual forma que nos negamos a ser las nuevas agresoras, queremos que se nos tenga en cuenta y queremos tenerles en cuenta, que se nos respete y entienda, respetarles y entenderles. Combatir junto a ellos el sexismo y construir nuevas relaciones sobre la belleza de las diferencias»[62].

Otra de las cuestiones que hemos tratado en el grupo antisexista tiene que ver con las concepciones de la sexualidad y el cuerpo que derivan actualmente de algunos planteamientos de las perspectivas feministas. Estas concepciones tienen que ver, en parte, con la visión que se tiene de las agresiones «sexistas», relacionándolo con lo que hemos comentado anteriormente respecto de los protocolos y campañas contra la violencia de género. Actualmente, se considera agresión o abuso sexista cualquier cosa que la persona agredida sienta como tal. Así, incluso los típicos «piropos» o miradas insinuantes pueden ser considerados abuso machista[63]. Aunque es cierto que tenemos que diferenciar entre un «piropo» anónimo y unilateral y una «florecilla» proveniente de alguien que nos conoce, vemos en estas concepciones diversas problemáticas:

- En primer lugar, la concepción negativa de la sexualidad y el cuerpo. Ciertamente, no estamos a favor de la cosificación, pero tampoco entendemos que tengamos que obviar nuestras realidades corporales, y nos pa-

---

como Itaca Band por parte de colectivos feministas. Aquí se pueden encontrar los comunicados respectivos de quien hace las denuncias y la respuesta de la banda:

Trama Feminista y Asamblea de Sants:

https://www.facebook.com/tramafeminista.desants/posts/1913704475536559,
https://www.facebook.com/AssembleaSants/posts/1779874922042091,

Itaca Band:

https://www.facebook.com/itacaband/posts/10154763139550778,
https://www.facebook.com/itacaband/posts/10154766373115778,

[62] «Cuando abusamos del abuso machista» (op,cit)

[63] Así los trata el documental «Solo te he dicho guapa»: https://vimeo.com/114861340 o bien el artículo «¿Por qué decir piropos es machista?»: http://www.mujerpalabra.net/pensamiento/analisisfeminista/pirops.htm

rece que el hecho de que estas provoquen sentimientos, emociones y deseos en los demás es algo bastante natural[64]. No tenemos que caer en la patologización de todos nuestros comportamientos. Evidentemente, no somos sólo un cuerpo, pero también somos un cuerpo. En Occidente la valoración del cuerpo, del goce del mismo, por parte de las mujeres y los feminismos, ha sido una evolución positiva. Ahora esta evolución se está tiñendo de gris, saliendo a la búsqueda de nuevas y constantes opresiones. No somos sólo cultura sino que también somos naturaleza. Si alguien se fija particularmente y exclusivamente en nuestro cuerpo, simplemente está obviando una parte mucho más grande del todo que somos, está teniendo una actitud reduccionista, pero no tiene porqué ser una actitud sexista "per se".

Ver cualquier impulso o deseo ajeno hacia nuestro cuerpo o hacia nuestra persona como una agresión, nos hace repudiarnos a nosotras mismas, en vez de poder sentirnos orgullosas de ser como somos. Vemos que la tendencia cada vez más por parte de algunas corrientes feministas es a asociar sexo y erotismo con opresión y violencia. Curiosamente esta visión concordaría a la perfección con la biopolítica misantrópica del poder que hemos comentado anteriormente, así como con el repudio de las pulsiones humanas básicas para dejar el «trabajo sucio» -el sexo, la gestación, etc.- en manos de servicios profesionales o máquinas y técnicas. Más allá de esto, parece obvio, en todo caso, que se presenta a las mujeres como si fueran sólo objeto de deseo y no sujetos que desean[65].

---

[64] La misma Simone de Beauvoir, figura feminista de gran importancia, se expresa en estos términos en "El segundo sexo" (1949): *«El ser humano es un ser que desea, que proyecta y está en continuo trance de realización mediante el cumplimiento de sus proyectos, siendo esto lo que le hace libre».*

[65] «De los sexos y sus diferencias» (op cit): *«El deseo erótico masculino, que se presenta de una forma más directa y genitalizada, es definido como negativo: deseo de dominación. No ya masculino sino machista. Por su parte, el deseo de las mujeres y su gran variedad de experiencias sensuales, como la masturbación o el placer al amamantar a sus hijos o de realizar una felación a su pareja, no se tienen en cuenta, quedan desplazados por la "opresión masculina", arrebatando a las mujeres su identidad como sujetos deseantes y transformándolas en mero objeto de deseo».*

Existe el deseo de ser vistas únicamente como sujetos y se nos está quitando la potestad de vivirnos también como objetos. ¿Qué somos para el otro si no es alteridad, diferencia? ¿Qué es el otro si no es alteridad, diferencia? Solo podemos desear asumiendo la alteridad, saliendo del narcisismo de nuestro propio yo. Como dice Byung-Chul Han en su libro "La Agonía del Eros", una sociedad narcisista no puede ser una sociedad erotizada. Determinadas prácticas sexuales se consideran violentas independientemente de si hay consentimiento o no, no se entiende la voluntad de la mujer, que puede ser parte del juego, que puede decir sí, que puede decir no, se ve sólo como mera receptora y víctima (igual que pasa con el ejercicio de la violencia, como hemos visto). En este sentido nos gustaría que no se considerase a la mujer como mero objeto pasivo a merced de los deseos ajenos[66].

- Otra cuestión que es preciso abordar es también la capacidad o voluntad de seducir como forma de manipulación y abuso, tanto por parte de hombres como por parte de mujeres. Nuestro cuerpo también lo podemos usar como herramienta de poder las mujeres, y de esto normalmente no se habla -y ya que estamos de tópicos, es bastante más habitual en el sexo femenino que en el masculino-. Las mujeres pueden abusar en el coqueteo, llegando a flirtear a niveles que incluso pueden llegar al sadismo, y esto habitualmente no se considera abuso ni violencia, cuando puede llegar a ser una forma de manipulación muy efectiva que no se suele poner sobre la mesa ni denunciar de la misma forma que se denuncian los abusos machistas. Por otro lado, ahora los hombres cada vez tienen más el derecho y el deber de estar «guapos», de cuidarse, como tradicionalmente se ha exigido a las mujeres. ¿Esto lo tenemos que considerar un acceso a privilegios o simplemente una democratización de la estupidez?

- En el clima que se crea por el hecho de tener que estar atentas en todo momento a posibles agresiones/agresores, se hace muy difícil diferenciar entre una insinuación a la cual podemos estar abiertas y una agresión. Se hace complicado estar cómodas en un ambiente de coqueteo, con toda la

---

[66] Un libro interesante y no exento de polémica que trata la cuestión de la mirada de los hombres sobre las mujeres es: «Reflejos en el ojo de un hombre» de Nancy Houston.

presión de tener que vigilar por si en vez de un coqueteo la cosa va más allá. No decimos que no tengamos que estar atentas y seguir nuestras intuiciones al relacionarnos con otros, pero la visión de que todos los hombres son agresores en potencia no nos ayuda a sentirnos cómodas ni a mostrar seguridad y claridad en nuestros deseos, sino más bien al contrario, nos impregna de dudas e inseguridades. Cada vez más situaciones se interpretan como abuso y así se enturbian nuestras relaciones[67]. ¿Dónde está el límite entre ligar y abusar? Pensamos que el enfoque actual provoca auto-odio, miedo, desprecio, victimismo y «demonización», de diferentes maneras y en diversas medidas. En los hombres, aumenta la paranoia y se va con pies de plomo para evitar ser tachado de machista. En la actualidad, el peligro a que se expone un hombre intentando ligar es peor al de ser acusado de pelmazo. Un «no, eres un pelmazo» se puede convertir fácilmente en un «no, eres un machista», acusación que puede implicar consecuencias mucho más graves, cómo hemos visto, produciendo un efecto intimidador y disuasorio. En las fiestas mayores de Poblesec (Barcelona) del año 2015, por ejemplo, donde se aplicó por primera vez un protocolo contra las violencias de género, una de las cuñas auditivas que se podían escuchar entre canción y canción en los conciertos decía «No es una insinuación, es una agresión». Esta cuña es claramente sexista y tal como estaba planteada parece validar el estereotipo de que las mujeres «somos sólo corazón» y si fuera a la inversa, sería como decirle a los hombres que sólo piensan con el pene, cosa que es igualmente denigrante.

Por otro lado, cuando acusamos a alguien de «machista», parece que nos autoexcluyamos de esta categoría. ¿Quién dice quién es o quién no es machista? Desde una posición antisexista, denunciamos nuestra sociedad sexista, y cuando lo hacemos no nos situamos en una posición superior señalando hacia fuera, denunciando el machismo de los otros y negando el

---

[67] La cuestión de qué se considera una agresión, y de los niveles de agresión, sería también algo a tratar. En diversas ocasiones cuando hay problemáticas de género se habla de agresiones sin poder conocer exactamente y concretamente las acusaciones, de modo que la misma palabra puede denominar desde un empujón hasta una violación. Esto hace muy difícil el poder hacerse cargo de la situación de una forma proporcional y proporcionada.

nuestro, sino que nosotros nos incluimos también en el sexismo, la sociedad es sexista y nosotros, en parte, buscando culpables, poniéndonos por encima, también tenemos actitudes sexistas que intentamos trabajar pero no negamos, proyectándolas hacia afuera y alienándonos de nuestras propias debilidades. El problema aquí se manifiesta en el hecho que existe una minoría social que se autoproclama feminista y que se otorga el poder de dictaminar quién es y quién no es machista y al mismo tiempo se otorga también el poder punitivo de condenar a esta persona, más allá de emitir un juicio que se puede o no compartir[68].

- Nos parece que en la cuestión de la sexualidad, el consentimiento es la clave: si hay consentimiento no se puede hablar de sumisión, abuso etc. Aun así, está claro que el consentimiento puede estar influido por actitudes sexistas aprendidas, pero esto es otro tema, puesto que tampoco podemos negar que somos seres culturales, sociales, históricos y biológicos, no una página en blanco. No tenemos que minimizar ni negar ciertos comportamientos nuestros que pueden ser efectivamente machistas o sexistas, puesto que la realidad es que los tenemos interiorizados. Así, a pesar de que supuestamente haya consentimiento, esto no quiere decir que este consentimiento no esté sometido a ciertos valores o formas de hacer y de ser que hemos aprendido o que por alguna razón tenemos. Que haya consentimiento, por lo tanto, no quiere decir necesariamente que nuestras reacciones y formas de hacer sean libres (otro ejemplo de la diferencia entre consentimiento y libertad lo podemos encontrar en la «necesidad» o no que tenemos del trabajo asalariado en el marco del sistema actual. ¿Podemos elegir? En parte si y en parte no, pero está claro que hay muchos factores que nos condicionan). Un consentimiento libre depende del auto-conocimiento y de la posibilidad de la auto-construcción personal en libertad, de hacernos fuertes y autónomas, y el contexto que vivimos puede no ayudarnos para nada en este camino. Por otro lado, hay que decir que el consentimiento comporta escuchar al otro, tenerlo en cuenta...hecho que es

---

[68] Un ejemplo que además tiene que ver con la cuestión de la cosificación sexual es lo ocurrido al periodista Dani Rovira y la respuesta del diario "El País" (op.cit). Otro ejemplo a nivel más micro puede ser cuando en un concierto se insta desde la organización a que los machistas abandonen la sala. ¿Quién en su sano juicio se levantaría y se iría?

incompatible con «el autismo de género» que implica que no hay bilateralidad, que todo el mundo va a lo suyo buscando satisfacer sus deseos, cosa que provoca ciertamente una cosificación y una denigración de las otras personas con quienes se pretende una proximidad, hecho bastante habitual en los contextos festivos y de flirteo de nuestra sociedad consumista donde estan de moda las relaciones de "usar y tirar"[69].

- Otra cuestión que vemos interesante de analizar es que, si por un lado los planteamientos feministas muestran cada vez más una visión de las relaciones entre géneros en la cotidianidad como un campo de minas -de conflictos, de abusos, de poderes invisibles, de desigualdades- en la propaganda social masiva encontramos al mismo tiempo una hípersexualización de la sociedad: cosificación, publicidad erótica, pornografía, prostitución etc. están a la orden del día y muy visibles públicamente. Pensamos que esta descompensación entre estas dos tendencias refuerza la opresión por todos lados: por un lado, impide o dificulta en gran medida las relaciones horizontales y populares, puesto que en ellas impera un paradigma de desconfianza y odio; por otro lado, alimenta las relaciones mercantiles y superficiales, al presentarlas como libres de todos los problemas de las relaciones «reales». Así, la nueva cara de la opresión en las relaciones entre sexos-géneros se podría resumir en el cuadro siguiente: en ellas impera una especie de esquizofrenia colectiva porque, por un lado, se crea este clima de miedo, violencia, tensión e impedimentos estructurales, emocionales e ideológicos para una buena relación entre sexos y, por otro lado, el sexo se promueve por todas partes, como una invitación constante. La mezcla de estas dos tendencias es una bomba de relojería y el resultado es una enorme frustración y una degradación y desviación de la energía erótica hacia fines individualistas y de autocomplacencia consumista, cuando de lo contrario podría ser un potente combustible para la cohesión social que necesita una revolución.

Finalmente, si bien está claro que el paradigma actual nos separa del otro sexo, no es menos cierto que también nos separa de nuestro propio

---

[69] En algunos ambientes alternativos se han empezado a realizar "talleres de consentimiento". No hemos podido conocer en detalle el contenido de estos talleres, pero nos parece un buen enfoque para afrontar la cuestión.

sexo. Las mujeres, por ejemplo, estamos enfrentadas a los hombres, en este paradigma actual, y también separadas de las otras mujeres, porque nos han socializado para valorar la belleza física como algo supremo y perenne, como nuestro principal potencial y atractivo; esto unido al paradigma de la pareja nuclear monógama y aislada de un entorno comunitario más amplio genera un clima de inseguridades, posesión, tensión y competición entre las mujeres que nos deja muy lejos de cualquier pretendida «sororidad»[70].

11. De víctimas y opresores, de protección y autodefensa

La victimización de las mujeres y la «demonización» de los hombres son la tendencia más habitual dentro de los movimientos feministas oficiales y alternativos. Esto crea confusión y dolor, porque todas las personas tenemos algo que ver con cómo hemos llegado a la situación actual. Todos somos víctimas y verdugos a la vez, los hombres no son la norma y las mujeres no son la excepción. Todo el mundo se tendría que hacer responsable de la propia violencia, de ser opresor/a y de sostener la opresión del otro/a. No responsabilizarnos y no pedir responsabilidades, sería caer en la condescendencia, y no pensamos que esto sea ninguna solución. En este sentido, nos damos cuenta de que es importante diferenciar entre ser oprimida y ser víctima: víctima es una persona con pocas posibilidades o voluntad de cambio, mientras que una persona oprimida tiene conciencia y voluntad de cambio.

Generalmente el sistema actual tiende a victimizar las mujeres, mientras que las corrientes feministas alternativas tratan de fomentar la conciencia de opresión de género, pero en la práctica la línea es bastante fina. Por parte del sistema actual está claro que hay estructuras que promueven la victimización. El hecho de diferenciar por género y no por capacidades

---

[70] Sororidad es un término que se ha usado para referirse a una solidaridad y camaradería de género femenina.

nos parece una clara muestra de esto; por ejemplo cuando en ciertos contextos de guerra, de desplazados, de catástrofes, etc. se habla, sobre todo en titulares periodísticos, de las muertes de «mujeres y niños» específicamente, como si estas muertes fueran más importantes que las muertes de los hombres. ¿Por qué se hace esto? Podemos pensar que es una voluntad de tener cuidado y promover la reproducción de la vida (pero no todas las mujeres son madres, ni todas las madres cuidan de sus hijos) o que quizás tiene que ver con las resoluciones aprobadas por la ONU en la Declaración de Bejing donde mujeres y niños eran catalogados como «seres necesitados de especial protección», como por ejemplo se dice acerca de los adolescentes. Nos preguntamos: ¿quién es en cada caso vulnerable o vulnerado?

Pensamos que en cada situación se tienen que tener en cuenta las personas concretas, sus capacidades y limitaciones, para decidir quién es víctima o quien se merece unos determinados «privilegios». No obstante, que haya estructuras que promueven la victimización no quiere decir que esto por si solo nos haga víctimas. La parte de responsabilidad de cada una de nosotras es muy importante, la actitud interior, incluso en las condiciones más degradantes, es determinante. Así mismo, es importante destacar la diferencia entre la necesidad de protección que promueve el sistema y la autodefensa que se intenta promover desde los movimientos feministas, precisamente por este énfasis en la responsabilidad personal y la autogestión. La primera victimiza y la segunda supuestamente tendría que empoderar.

Pero el empoderamiento de la autodefensa es también cuestionable, en un contexto donde se abusa del abuso. Así, tal y como expone el texto citado con anterioridad: *«Se abusa del abuso, y cuando todo se interpreta como abuso es imposible que se dé una relación entre iguales, puesto que uno —una— verá todos y cada uno de los gestos y actos del otro como síntomas de su condición de abusador, concibiéndose a sí misma, por lo tanto, como víctima en un estado permanente de inferioridad»*[71]. Éste es un aspecto clave, psicológico si queremos decirlo así, de la victimización

---

[71] "Cuando abusamos del abuso machista." Op cit.

de la que hablamos, que se infiltra incluso en espacios de empoderamiento feminista.

La «demonización» de los hombres es también una deriva fácil de esta visión de la realidad promovida por feminismos de diversa índole. Los feminismos nos dicen que su objetivo es atacar la «masculinidad hegemónica», los «valores masculinos», la «cultura patriarcal» y otros aforismos, pero pensamos que la identificación de la violencia y la opresión con un determinado género -como se hace patente por ejemplo en el concepto de heteropatriarcado- lleva fácilmente a la demonización de lo masculino per se y vincula intrínsecamente las relaciones heterosexuales con la dominación, como venimos denunciando. La demonización acaba implicando un sentimiento de culpa que podemos ver en las caras y expresiones de aquellos que han sido acusados de «machistas» y en los que tienen miedo de ser acusados algún día -en otros contextos y países cabe decir que desgraciadamente ser machista puede representar un orgullo y no una lacra-. ¿Podemos encontrar un término alternativo más allá del miedo/coacción y del orgullo/ostentación? La «deconstrucción de la masculinidad hegemónica», -y llegados a este punto nos preguntamos, ¿qué es la masculinidad? ¿y la feminidad? ¿no se tendría que desconstruir también la «feminidad hegemónica»?- proceso por el que pasa un abusador, puede dejar a la persona en cuestión en una posición de miedo, sumisión y vulnerabilidad. La culpabilización hace muy difícil la crítica y la autocrítica reales, así como la relación entre iguales. Quién defiende a un «culpable» no quiere decir que defienda una agresión, pero a menudo así se entiende, y la solidaridad se interpreta como un delito de complicidad machista[72].

En toda esta historia echamos de menos la voz de los hombres: no de los hombres agresores, sino de los oprimidos, de los maltratados, de los agredidos, de los que no tienen privilegios. Debido al proceso de concienciación del cual somos objetos, en el cual la visión general de las violencias de género es que la única agredida es la mujer, a los hombres se les hace difícil reconocer y todavía más exponer, sus vivencias al respeto. Narrar las propias experiencias personales y no tener miedo a expresarse desde

---

[72] Como ha pasado, decíamos, en el caso de la Obrera, en Sabadell (op.cit) o en el caso de los músicos y bandas que han apoyado a Itaca Band.

todos los puntos de vista, permite una empatía y una crítica y autocrítica que nos puede hacer avanzar, mientras que los tabúes y las censuras nos llevan a una espiral destructiva difícil de parar[73].También, obviamente, echamos de menos la voz de muchas mujeres (oprimidas por el sistema de dominación vigente) que no están de acuerdo con diversas variantes de los «feminismos» actuales y tampoco ellas lo expresan abiertamente.

12. Cultura machista y otros «pecados capitales»

Cuando hemos hablado de la evolución histórica de los feminismos, hemos incidido en la diferencia entre la cultura de las élites y la cultura popular. En este sentido, cuando hablamos del machismo, nos preguntamos también: ¿Dónde se encuentra el machismo? ¿Es la cultura popular la cultura machista o la cultura de dominación (elitista-estatal-mercantil) con determinados intereses? (proyectar y mantener unos estereotipos que le son convenientes, explotar al máximo las debilidades y capacidades de las personas, etc.) Nos podríamos remontar muy allá para responder esta pregunta, pero no es el objetivo de este texto. Por ahora, nos parece importante destacar que, a menudo, denominamos «cultura» a no importa qué hecho por no importa quién, y como cada vez hay menos cultura autónoma y auto-construida, esta confusión se vuelve más y más habitual. Contrariamente, habría que ver qué parte de la cultura son actitudes y hábitos normalizados en las personas y qué parte se promociona y se instiga desde las diversas instancias del poder (sin negar que exista también una mezcla de las dos). La cultura la creamos las personas y en un momento de tanto desempoderamiento popular como el que vivimos, nos podemos preguntar: ¿la realidad crea la ficción o la ficción crea la realidad?

---

[73] En este sentido celebramos la valentía de esta persona que hace un tiempo creó de manera anónima una página web exponiendo su denuncia y crítica a las tendencias SCUM dentro de los movimientos feministas, que ha sufrido en propia piel: «SCUM un cáncer a extirpar en el movimiento feminista» (op. Cit)

Así, parece que cuando hablamos de la «cultura dominante» estamos dando por sentado que una especie de mano invisible o un tipo de paradigma machista atraviesa toda la sociedad y no tenemos en cuenta que se gastan millones y millones en publicidad y propaganda para construir los superventas en cualquier cosa (películas, libros, telenovelas, campañas, publicidad, etc.) que muestran determinadas actitudes y formas de hacer. La cultura dominante se proyecta así como la cultura de la dominación. ¿Por qué se promocionan y se visualizan unas formas de hacer y no otras? No creemos que sea simplemente una cuestión de preferencias individuales y libres, esta sería la visión que vendría a decir que la cultura del pueblo es machista y por eso le gusta Hollywood y los superventas románticos de adolescentes. Pero, y la otra cultura, la cultura popular, que a nivel histórico encontramos repleta de prácticas amorosas cooperativas y autónomas, ¿por qué permanece invisible? No estamos diciendo aquí que no exista la cultura machista ni la cultura de la dominación en general en las sociedades humanas, pero si sólo vemos una parte de la película caemos en el mismo sesgo que el darwinismo con su teoría de la lucha por la supervivencia, que ya fue matizada en su momento por Kropotkin, que no solo veía lucha en la vida sino también un fuerte impulso de cooperación[74].

No se trata, así pues, de decir que en la cultura popular no existe el sexismo, el machismo específicamente, y otros «pecados capitales», pero la tendencia en el mundo en el que vivimos ha dejado de ser la crítica a la pirámide social jerárquica en su conjunto y en varios estratos, para centrarse esencialmente en los micropoderes, en el escrutinio minucioso de las tendencias políticamente incorrectas de nuestros iguales. Este «purismo» es un factor que debilita claramente las clases populares, hasta hacerlas casi desaparecer. Los abanderados de aquello políticamente correcto son las élites, apuntando al pueblo como a una pandilla de degenerados. Si no luchamos contra esto, si no nos aceptamos con nuestros defectos tanto como con nuestras virtudes, entramos en una guerra de todos contra todos y esta «micro batalla» nos hace perder la gran guerra que impera en el mundo actual.

---

[74] Kropotkin, P «El apoyo mutuo como factor de evolución».

Hemos pasado de la revolución social a la insurrección personal, y de ella a la lucha interpersonal. La autoconstrucción masculina y femenina no se podrá llevar a cabo de manera autónoma hasta que no nos aceptemos como seres de carne y hueso y miremos de captar la esencia de las condenas que nos hacemos entre nosotros y aceptemos nuestras propias contradicciones. No podemos esperar a construir la sociedad perfecta, aquella en la que todas las personas estarán libres de cualquier pecado capital[75]. Además, tendríamos que cuestionar la moral de los propios pecados capitales. Estamos llenos de micromachismos, no lo negamos, pero también de microegoismos, macroegoismos (¿o no es esto cerrar los ojos ante la barbarie planetaria a la que estamos llegando y no dedicar tu vida a cambiar las cosas? ¿Tendríamos que condenar a todas aquellas personas que viven instaladas en una vida «normal» cómo si el actual fuera el mejor de los mundos posibles?).

13. Amor romántico, amor patriarcal. Cuidados, afectos y familia

Desde hace cierto tiempo y en la actualidad, está teniendo lugar una cruzada contra el amor romántico como amor «patriarcal». Así, se considera que la asimetría en el eros y el amor es un signo de jerarquía, se equipara el romanticismo a las patrañas de Disney de princesas y salvadores, y la belleza, la trascendencia y el sentimiento quedan negados por exceso de positivismo y racionalización[76]. Frente a las relaciones «insanas» que nos hacen sufrir, se considera ahora que el dolor en el amor es un signo de debilidad y de opresión. Creemos que esta identificación acontece como reacción a la imposición de una determinada manera de sentir el amor, como opio del pueblo, y sobre todo, como narcótico para las mujeres y

---

[75] Ruyman Rodriguez, miembro de la FAGC y habitante de la Comunidad Esperanza de Canarias durante un par de años, pone sobre la mesa esta interesante reflexión en muchas de sus charlas. Las personas con quienes construimos proyectos no son perfectas ni están liberadas de muchos males del sistema actual. Trabajamos para mejorar, pero no condenamos porque esto nos impide avanzar partiendo de la realidad de donde estamos, aunque no nos guste.
[76] Habla de ello Byung-Chul Han en el libro «La Agonía del Eros».

como conquista para los hombres. Estamos de acuerdo en cuestionar esta tendencia que nos viene de las visiones patriarcales de los últimos siglos, y pensamos que es positivo cuestionar las maneras como nos relacionamos, puesto que el ámbito íntimo es terreno de expresión de muchas potencialidades, así como de muchas vulnerabilidades que vale la pena revisar y hacer conscientes.

A pesar de esto, la obsesión patriarcalista hace que nos pasemos al extremo de la frialdad y el distanciamiento para evitar los males que inevitablemente se dan en las relaciones. También da lugar a numerosas confusiones entre términos similares pero sustancialmente diferentes, como bien se expresa en estas líneas:

«El peligro es que nos acabamos encontrando con un montón de opciones que pasan a ser "malas": La heterosexualidad (¿la sociedad no puede cambiar la orientación de homosexuales, pero la heterosexualidad tiene que cambiarse?) en lugar de la heteronorma, la pareja (¿hay que ser más de dos obligatoriamente?) en lugar de ser conscientes del privilegio de pareja, de la monogamia heterosexual jerárquicamente superior (socialmente es así, por mucho que pienses otra cosa). La penetración vaginal heterosexual (en lugar de entender de qué se parte, y dónde está el problema de esa sexualidad jerarquizada ignorando la homonorma, por ejemplo). Tener que definirse como persona no binaria dando por hecho que definirse hombre o mujer no transgénero es un problema (en lugar de centrarse en el dolor y consecuencias terribles que ha traído esa clasificación de los seres humanos en dos únicos grupos, hombres y mujeres)... y así con un montón de ejemplos más»[77].

Creemos que en la manera de vivir el amor y los afectos tiene que imperar el principio de pluralidad. No puede haber una ortodoxia que dictamine cómo es correcto amar. El amor y los afectos, la sexualidad, etc. pueden ser vías muy potentes de canalizar varios aspectos de la persona y no creemos que nos tengamos que encerrar en estereotipos respecto a esto,

---

[77] Artículo de la página «Antes muerta que sumisa»: "A la mierda el amor, la familia, el romanticismo, las cenas con velas...¡TODO!" *http://totamor. blogspot.com.es/2015/11/a-la-mierda-el-amor-la-familia-el.html*

sobre todo no confundir los estereotipos, que pueden existir como tendencias generales y los cuales nos tenemos que cuestionar, con la experiencia concreta de cada persona en el ámbito sexo-afectivo de su existencia. Es importante no salir de un estereotipo (el romanticismo del amor romántico) para caer en otro (que aquello más *guai* y progre es negar el amor romántico[78]).

Por otro lado, respecto a la concepción del amor en términos más generales, ciertas derivas del pensamiento feminista dictaminan que el amor y el afecto son una carga, un deber para las mujeres[79]. Entendemos la voluntad de visualización de los cuidados como aquello que sostiene la vida y que a menudo damos por sentado, pero nos parece perjudicial si esto se hace para poner sobre la mesa que «no hay nada gratis». ¿La maternidad, el afecto en la pareja, etc. es simplemente «una tarea» igual que cualquier otra? Pensar así nos puede traer, y nos trae, a las mujeres liberadas, a querer que se reconozca esta tarea cobrándola o bien «externalizándola» en profesionales, que cuiden nuestros hijos y ancianos. Pensamos, por el contrario, que los afectos son parte de la vida y que, en términos generales, no hay nadie mejor que las personas directamente implicadas o que se quieran implicar para dispensarlos a nuestros iguales. Así, si hacer crítica a la asunción mayoritaria o no por parte de las mujeres de estas «tareas» implica que ahora esto en la sociedad no lo hará nadie salvo que le paguen, nos

---

[78] ¿La libertad tiene una forma concreta y cerrada o es un concepto que refiere a la multiplicidad de opciones equivalentes entre las que poder escoger sin coacciones? Se pregunta B. Vassallo en "El poliamor is the new black": http://www.pikaramagazine.com/2014/10/el-poliamor-is-the-new-black/#sthash.xvgBqkii.dpuf

[79] Emma Goldman (op cit) ya criticó esta tendencia a inicios del siglo XX: *Si la parcial emancipación quiere llegar a ser una completa y verdadera emancipación de la mujer, debe dejar de lado las ridículas nociones de que amar y ser amada, estar comprometida y ser madre, es sinónimo de estar esclavizada o subordinada. Se deberá dejar de lado la absurda noción del dualismo de los sexos o que el hombre y la mujer representan dos mundos antagónicos. La insignificancia separa, la amplitud une. Una verdadera concepción de la relación entre los sexos no debe admitir los conceptos de conquistador y conquistado; debe suponer solo esta gran cuestión: darnos sin límite con el objeto de hallarnos más ricos, más profundos, mejores. Sólo esto podrá llenar el vacío y transformar la tragedia de la emancipación de la mujer en una dicha, en una alegría ilimitada.*

parece una deriva perjudicial[80]. Afortunadamente, no todo el mundo quiere ir hacia aquí y generalmente las críticas en este sentido buscan repartir estos cuidados según las posibilidades y necesidades que determinen las personas implicadas, de manera equitativa y sin vulnerar la autonomía de los otros ni encerrarse en roles preestablecidos e inamovibles.

Oponernos a este sistema de barbarie nos llena de contradicciones, y lo importante es ser conscientes de ello. Es decir, si estamos contra la mercantilización de la vida nos tendríamos que oponer a la mercantilización de los afectos y los cuidados, porque no hacerlo significaría sumarse a la barbarie. Pero por otro lado, asumiendo que vivimos en el mundo en el que vivimos, a pesar de la crítica que podamos hacer, no negamos que el sistema nos obligue a entrar en sus disyuntivas, y así es cómo muchas feministas -y no feministas- han acabado reclamando que se cobren todas las tareas por igual, como defiende Silvia Federici[81], con el objetivo de poner sobre la mesa que el sistema actual vive de la invisibilización del trabajo reproductivo y que visualizar esto implica una demanda imposible de asumir económicamente por el sistema, poniéndolo en evidencia. Entendemos esta respuesta pero no queremos dejar de ir a la raíz de los problemas, aunque esto nos implique contradicciones debidas al paradigma establecido. Creemos que hace falta pensar, y luego crear, otro paradigma de vida.

Aparte del amor romántico y la asunción de los cuidados, la familia es también un tema que se ha puesto mucho en entredicho desde los años 70. Hay varias consideraciones respecto a la familia, y concretamente podemos ver dos tendencias claras en los movimientos feministas y más allá de ellos. Por un lado, aquellas que consideran la familia como una correa de

---

[80] El documental de reciente aparición «La Teoría Sueca del Amor» (http://gnula.nu/documental/ver-la-teoria-sueca-del-amor-2015-online/) nos puede hacer pensar en este sentido, puesto que denuncia una sociedad sueca totalmente aniquilada a nivel de afectos donde estos son dispensados por profesionales estatales. En otro contexto, el siguiente artículo denuncia los males de una crianza sin afecto, poniendo de ejemplo la antigua URRS: «Suicidas, asesinos y otras desventuras»: http://prdlibre.blogspot.com.es/2012/05/suicidasasesinos-y-otrasdesventuras.html

[81] Por ejemplo en su libro "Revolución en punto cero". (op.cit).

transmisión de los valores del sistema capitalista-jerárquico-mercantil-estatista[82] y, por el otro, aquellas otras tendencias que la consideran un reducto de funcionamiento popular y horizontal en un marco hostil y mercantilista[83]. A la luz de estas consideraciones, primero habría que ver de qué familia estamos hablando. La familia que es objeto de críticas despiadadas normalmente es la familia nuclear, un invento bastante nuevo y extraño en la mayor parte de los lugares del mundo, que como modelo presenta muchos defectos. Este tipo de familia en Inglaterra y otros sitios hace siglos que es la predominante pero lo curioso e interesante es ver como el modelo se generaliza, a partir de las revoluciones industriales, muy de la mano del Estado. Esta es la idea de familia que tenemos en la cabeza muchas personas cuando hacemos una crítica que no está exenta de razones.

Tampoco está exento de razones defender que, en el mundo actual, más vale esto que nada, puesto que las tendencias son cada vez más al aislamiento individual -de familia extensa en el marco de comunidades extensas, a familia nuclear sin marco comunitario, a familia monoparental, a individuo solitario-. Viendo el panorama creemos que lo que puede unir las críticas y las defensoras de la familia es la voluntad de encontrar nuevos modelos familiares que superen el aislamiento social y la destrucción de la comunidad.

14. De lo personal y lo político

Sobre el lema «lo personal es político», propio de los feminismos de la segunda ola, a pesar de sus virtudes que ya hemos analizado en el apartado de «Revisitando la historia», nos parece que hay que profundizar más en esta cuestión por varios motivos.

---

[82] Algunos ejemplos de esto serían el libro «La muerte de la familia» del antipsiquiatra David Cooper, escrito en los años 70. También Abdulah Öcallan, líder kurdo, en su libro «Liberando las mujeres, liberando la vida» habla de la familia-clan como la primera forma organizada de violencia contra la mujer.

[83] Como por ejemplo aquí: "Una nueva reflexión sobre la familia" http://prdlibre.blogspot.com.es/2012/06/una-nueva-reflexion-sobre-la-familia-en.html

Antes que nada tendríamos que ver qué entendemos por «político». Para los feminismos de la segunda ola, «político» en el sentido que lo aplicaban quería decir que era importante tener en cuenta que en los ámbitos micro también reproducimos las dinámicas del sistema establecido y que las opresiones no sólo son dinámicas macro-estructurales. También que nosotros desde aquello personal y cotidiano podemos cambiar dinámicas que nos vienen impuestas. Este enfoque fue muy útil e importante en su momento, pero ha ido mutando hasta que ya no es de «política» de lo que hablamos, sino de aquello «políticamente correcto». Así, esta premisa ha acabado significando una invasión de la «política» y la «ideología» en terrenos de «diferencia personal» y en la «intimidad» (lugares donde quizás ni el Estado, ni el mercado, ni la «comunidad» tendrían que inmiscuirse). Que la forma como concebimos y vivimos la intimidad sea *también* política, que se tenga que incluir en el cambio «político» no quiere decir que sea *sólo* política o que sea deseable su *politización*, como está de moda en tantos ámbitos de la vida. La excesiva politización, marcando una manera «políticamente correcta» de cómo tienen que ser las relaciones, corre el peligro de acabar con la subjetividad y el sentimiento individual de cómo queremos vivir ciertos aspectos de la vida -como la maternidad, por ejemplo-[84].Sería importante reivindicar que lo radical nace en cada cuerpo sexuado con la peculiaridad de sus deseos únicos y por tanto valiosos, y que estos podrán cultivarse desde los referentes internos para buscar lo que apetece, no desde un nuevo orden moral, por muy radical y progre que éste se presente. Actualmente, de hecho, el proceso va más bien a la inversa: de la diferencia personal, por ejemplo en aquello sexual, se deriva una «política» posmoderna y difusa que, en el peor de los casos, hace el juego al sistema y, en el mejor, no tiene suficiente fuerza para superarlo, al centrarse en cuestiones demasiado «personales» o «identitarias», huyendo de un paradigma más holístico de transformación social general. Así, lo político pasa a ser el cambio personal, porque ya no creemos en lo político. También tendríamos que ver qué estamos politizando y que no; los feminismos han tendido a «politizar» los problemas de la mujer -entendiéndo-

---

[84] "¿Qué es una maternidad subversiva?": http://lasinterferencias.blogspot.com.es/2014/05/que-es-una-maternidad-subversiva.html

los en un marco de opresión más general- mientras que las mismas problemáticas «se individualizan» en el caso de los hombres, entendiendo que en el primer caso existe una opresión estructural (patriarcal) y no en el segundo[85].

Pero, como decíamos, político no tiene que equipararse a políticamente correcto. Según nuestro punto de vista, político lo es todo porque entendemos por política la política autónoma, es decir, la posibilidad de discutir y dialogar sobre todo aquello que es discutible y llegar a las decisiones y conclusiones que encontramos acertadas en cada momento. Esto excluye doctrinas cerradas y estáticas, pero no niega el debate y el análisis de cada situación, y los posicionamientos que tomemos que evidentemente tienen que ver con nuestros entornos sociales y las conclusiones que extraemos del diálogo con nuestros iguales.

Está claro, pues, que los dos ámbitos -personal y político- se influyen mutuamente, pero también podríamos argumentar que cada ámbito tiene su espacio y pueden funcionar con premisas diferentes. No pensamos que sea acertado que nos tengan que decir qué es aquello políticamente correcto en la cama, ni para bien ni para mal, ni con unas ideas más progresistas ni con unas de más conservadoras[86]. Defendemos una información clara y veraz y la libertad de varias opciones sexo-afectivas donde cada cual vea lo que le va mejor mientras esto no repercuta en la igualdad política-pública, que nos parece incuestionable y que hoy en día brilla por su ausencia. Tenemos que guiarnos por la autonomía y la conciencia, es decir,

---

[85] Un ejemplo de este razonamiento se puede encontrar en: "A vueltas con la violencia machista": https://www.regeneracionlibertaria.org/a-vueltas-con-la-violencia-machista

[86] La revolución sexual de los años 70 del siglo XX ya lo hizo y no consiguió acabar con las opresiones ni en las relaciones ni en la sociedad en general, y si bien sirvió para flexibilizar la moral y liberar la vida en ciertos aspectos también impulsó una banalización muy en línea con los valores consumistas del sistema establecido. Hoy en día esta tendencia libertina -una cosa es libertad y la otra libertinaje- sigue haciéndole el juego al sistema. Las prácticas BDSM por ejemplo, se presentan en algunos entornos como supuestamente transgresoras frente al sexo «convencional».

siendo conscientes de las influencias del entorno, porque somos seres sociales, y, partiendo de aquí, intentar decidir con conciencia de causa, aquello más cercano a decidir libremente.

Como la igualdad política-pública ahora mismo no existe, puesto que vivimos en una falsa democracia donde el poder real de decisión sobre nuestras vidas está muy lejos de hacerse efectivo, no es sorprendente que pongamos énfasis al menos en los cambios «micro» y en aquellas esferas de la vida que pensamos que podemos «controlar» o vivir según nuestros valores. Aquello íntimo era político cuando aquello político estaba al alcance de la gente, es decir, cuando había comunidad. Pero, actualmente, la premisa «lo personal es político» más que como un síntoma de politización se puede ver como un síntoma de despolitización general de la sociedad: una usurpación cada vez más grande de la esfera política-pública por parte del Estado y la empresa, que da lugar a una cada vez más grande emergencia de una esfera «política privada», por muy extraño que suene el término. Nos agarramos a un clavo ardiente, a aquello que al menos sentimos que podemos controlar, que cada vez son parcelas más pequeñas de la vida y la existencia – al mismo tiempo que nuestra libertad de conciencia está siendo bombardeada constantemente desde varios frentes-.

Sea como fuere, pensamos que es un error atribuir los valores de la esfera política pública a la esfera política íntima dado que, como dice la sexóloga Esther Perel, *«las normas de la cama nupcial no son las mismas que las de la plaza pública»*[87]. Así, un proceso de des-erotización acontece cuando intentamos funcionar con las mismas premisas en ámbitos muy diversos: el respeto y el consentimiento no tendrían que excluir la fantasía y la imaginación, que son bases del placer íntimo.

Tampoco podemos obviar que, de hecho, lo personal y lo político cada vez están más entrelazados, pero desde la perspectiva de la manipulación que hace el poder. Así, el Estado y la empresa cada vez entran más en este ámbito micro-personal del individuo y en las relaciones interpersonales y como no hay libertad ni comunidad lo de-construyen y lo construyen «a su manera»[88]. Tania Gálvez defiende que la conocida frase se está invirtiendo

---

[87] Habla de ello en el libro «Inteligencia Erótica» (2007).
[88] Existe quien habla ya de la «tiranía de los expertos»

y que en este sentido ahora podríamos más bien decir que «*Aquello (bio)político es personal*»[89].

En este sentido se posiciona también Robert Kurtz[90,] cuando remarca que el neopatriarcado actual es muy perverso puesto que podemos observar una tendencia a cooptar las «virtudes femeninas» como la emocionalidad, la empatía, el afecto, etc., que tradicionalmente se desplegaban en el ámbito privado para hacer crecer el amor, hacia el ámbito empresarial donde lo que harán será hacer crecer el dinero y seguir perpetuando el sistema de dominación: «*Aunque la mujer activa deba probar con más intensidad su firmeza y su fría "objetividad" si quiere hacer carrera, el management postmoderno, al contrario, descubre las virtudes de una supuesta "inteligencia emocional" para la estrategia empresarial y el rendimiento individual en una situación de guerra económica. Por último, el "management afectivo" ha hecho su aparición como programa de coaching propuesto en libros y seminarios. Hordas de "expertos en emociones" e "investigadores de ciencias afectivas" abogan por el reconocimiento de una "cultura de la emoción" o de la posibilidad de una "gestión emocional" del estrés. Se trata claramente de manipular sus propios sentimientos y experimentaciones subjetivas, a fin de regularlas en una óptica utilitarista. Las emociones, antaño relegadas a la esfera disociada de la vida privada y de las mujeres, se ven pues en parte "recuperadas" por el capitalismo y explotadas en el marco de técnicas que apuntan al éxito profesional. (…) Los comportamientos y los modos de vida separados se encuentran de nuevo – pero de la peor de las maneras: la esfera autónoma de la economía comienza a absorber las normas de conducta, roles y "caracteres" reservados hasta ahora a la intimidad y al hogar, a fin de instrumentalizarlos al servicio de la lógica del dinero*». En este contexto resultaría útil, quizás, salir en defensa de nuestra intimidad, de nuestros deseos y de nuestros vínculos en las relaciones y en la comunidad. Que nuestra intimidad invada los valores de lo público, y no al revés.

---

[89] En «Lo bioplítico es personal»: http://www.lasinterferencias.com/2015/10/13/crees-que-pudieron-hacerte-esto-durante-tus-primeros-minutos-de-vida-lo-biopolitico-es-personal/

[90] En "Virtudes femeninas" (op.cit).

Por último, nos gustaría señalar que las mujeres revolucionarias del movimiento kurdo hacen varias críticas a los feminismos occidentales, una de las cuales es precisamente que ellas entienden la lucha de las mujeres como parte de un movimiento revolucionario amplio de toda la sociedad, en cambio, en Occidente, la lucha de la mujer ha acabado dejando atrás un cambio social más amplio y centrándose en una sola parcela identitaria, la lucha de las mujeres. En el Kurdistán ellas luchan desde la posición de mujeres pero en el marco de una revolución más amplia, aquí a falta de proyecto y movimiento revolucionario cada sector se entiende separado y por lo tanto las políticas de los diferentes grupos o sectores sociales en vez de sumar a un proyecto común más bien le restan fuerzas. Podríamos decir que lo personal es político sí, pero con esto no queremos decir que lo político es sólo lo personal, tendencia emprendida en los últimos tiempos por la mayor parte de los feminismos y los movimientos sociales occidentales en general. Así, como explica el texto de «Cuando abusamos del abuso....»[91]:

«Tomar conciencia de las necesidades de cambio pero limitarse a crear espacios de mujeres y rechazar la participación en el mundo patriarcal supone aceptar la "no participación" que históricamente ha sido adscrita a las mujeres por lo que difícilmente puede ser entendida como reivindicación política».

15. Algunas conclusiones parciales y posicionamientos

A lo largo de este texto hemos hecho un repaso de varias cuestiones abordadas en el marco del Grupo de Reflexión y Apoyo Antisexista durante el curso 2015-2016, intentando tratarlas con cierta profundidad. Sabemos que hay muchas temáticas que no hemos abordado, que quedan en el tintero, y que habrá que seguir pensando y desarrollando a lo largo del tiempo. Sabemos que habremos cometido errores en las interpretaciones

---

[91] «Cuando abusamos del abuso...» (op. cit)

que hacemos, que no estamos en una posición mayoritaria respecto a lo que pensamos, y no obstante sentimos el deseo de expresarnos y compartir.

Hemos hablado de los factores que influyen en cómo percibimos la realidad, de las diferencias más importantes que percibimos entre los paradigmas feministas que conocemos y aquello que intuimos y compartimos en el seno de este grupo.

Por un lado, una parte importante en cuanto a las diferencias respecto a los feminismos que conocemos tiene que ver con el hecho de si buscamos la raíz de nuestros problemas y, por lo tanto, de las soluciones que podemos dibujar, en un cuestionamiento profundo del sistema y en la voluntad radical de su transformación, o bien nos quedamos con una visión superficial y estática de la cuestión de las relaciones entre géneros. Cuando decimos que cuestionamos la idea de la violencia estructural, no estamos negando que la violencia contra las mujeres sea parte de la historia y desgraciadamente de la actualidad. Cuando se habla de Patriarcado se señala la violencia como forma organizada y sistemática de opresión contra las mujeres, a partir de una conspiración que tuvo lugar en un determinado momento histórico y que continuaría hasta nuestros días. Esta violencia organizada sería una estructura fija que se reproduciría a lo largo de toda la historia, de una forma unidireccional -hombres hacia mujeres- y que vería en todas las formas de opresión la raíz de la división sexual del trabajo, sin tener en cuenta que las relaciones entre géneros se encuentran afectadas por múltiples factores (sociológicos, económicos, tecnológicos...).

Esta visión monolítica de la historia no nos satisface, a pesar de que tampoco negamos que haya habido momentos históricos y lugares donde la dominación y la subyugación femenina ha sido especialmente acentuada y promovida. Aun así, creemos que es contraproducente seguir hablando en estos términos hoy en día. Por eso, más que de Patriarcado y de su contraparte feminista nos parece más adecuado hablar de Sexismo, que es una tendencia medible, concreta, en cada momento histórico y situación particular, de cómo están las relaciones entre géneros a nivel de equidad, de desigualdades, de opresión, jerarquías, etc.[92] El sexismo también nos remite a una visión bilateral o multilateral de la opresión de género, no sólo unilateral, como hemos puesto sobre la mesa anteriormente. Si bien es cierto que hay feminismos que afirman que el patriarcado oprime a las mujeres pero también perjudica a los hombres, no conocemos feminismos que pongan especial énfasis en la cuestión del sexismo como tendencia amplia que oprime a hombres, mujeres y a todos los géneros[93]. En caso de que existiera esta tendencia dentro de los feminismos, pensamos que no tendría sentido seguir dando tanto peso a la dominación patriarcal pues por su propio nombre haría referencia a sólo una parte del problema y no a la totalidad. A pesar de esto, tenemos que reconocer que la narrativa del patriarcado contiene sus verdades y pone de manifiesto la opresión específica del género femenino en determinados momentos históricos, y que más allá de su grado de veracidad como estructura omnipresente, el conocer sus raíces históricas ayuda y ha ayudado a muchas mujeres a hacerse fuertes y conscientes de las diferencias de trato que las pueden haber perjudicado a lo largo del tiempo y a movilizarse para cuestionar las reglas del juego y

---

[92] *«El Patriarcado entendido como realidad totalizadora y separado de la realidad social de cada momento entraña una serie de peligros, entre ellos la culpabilización de un sexo en su conjunto —de todos los hombres por el hecho de ser hombres— y la consecuente victimización del otro —a saber, las mujeres—. Olvidando que no podemos oponer a ambos sexos como si de dos clases sociales se trataran puesto que, aunque compartamos características, no todas las mujeres somos iguales ni nos encontramos en igual situación frente a los hombres, del mismo modo en que no todos los hombres son iguales. Tratamos de distanciarnos de este concepto no porque creamos, como afirman muchas teóricas postmodernas, que estemos asistiendo a su final, —¡Ojala estuviéramos en situación de poder afirmar eso!— si no porque consideramos que para entender las relaciones de los sexos en su conjunto es necesario la superación de la opresión por parte de los hombres como marco explicativo; no porque estemos menos oprimidas de lo que podamos pensar, sino porque tanto hombres como mujeres somos víctimas en el reparto de roles, expectativas y tareas. Ambos sexos somos explotados, y la transformación de la realidad social es responsabilidad tanto de unos como de otras»* en «Cansadas de tanto neofeminismo y políticamente incorrectas» (op. cit)

[93] En esta línea estaría la autora Casilda Rodrigáñez, que se expresa en estos términos: *«La civilización patriarcal no se define por el dominio de los hombres sobre las mujeres, sino por el tipo de ser humano, masculino y femenino, que hace posible tal dominación».* Desgraciadamente su expresión no parece haber tenido una influencia práctica en la mayoría de paradigmas feministas.

si fuera menester, luchar para cambiarlas. De todos modos, todo lo que puede tener de funcional esta visión, también lo puede tener de contraproducente, como hemos constatado a lo largo del texto y cómo constatamos, sobre todo, en nuestras propias vidas y en las dinámicas que se generan en la actualidad. Un claro factor contraproducente que tenemos que poner encima de la mesa es que no podemos utilizar la narrativa del patriarcado en abstracto, como se hace a menudo, para obviar los problemas concretos y complejos que la realidad nos pone delante.

Por otro lado, la visión de la violencia estructural, como hemos analizado en este texto, es un fuerte punto de unión entre todo tipo de feminismos. Esta visión provoca una asimetría en la interpretación de la realidad que conduce a una desigualdad significativa en muchos casos, que se convierte fácilmente en injusticia con la ley estatal de su parte y que provoca confusión, miedo y dolor en la vida cotidiana de miles de personas. La Ley Orgánica contra la Violencia de Género es paradigmática en este sentido y, al partir también de esta premisa, se podría considerar una ley sexista puesto que trata diferente a hombres y a mujeres, sometiendo a los primeros anulando la presunción de inocencia y privilegiando a las segundas con motivo de su sexo. Es esta ley una respuesta a las demandas de la realidad o una clara intervención en la realidad a partir de una premisa que enfrenta a los de abajo en aquello más íntimo y personal?[94]

Así pues, lo que nos separa de la mayor parte de los feminismos ahora mismo es sobre todo este paradigma y las respuestas que genera para solucionar los conflictos existentes. Pensamos que las críticas y autocríticas dentro de los sectores feministas, que son muy variados, en general llegan como mucho a cuestionar ciertas acciones (como es el caso en el conflicto de Itaca Band, en que algunas personas y sectores se han posicionado en contra de las acciones de los grupos feministas denunciantes[95]), pero no

---

[94] Se puede encontrar una reflexión en este sentido en este artículo: «Violencia de género y responsabilidad colectiva», que podéis encontrar aquí: https://www.revolucionintegral.org/index.php/blog/item/97-violencia-de-genero-y-responsabilidad-colectiva

[95] Aquí un valiente ejemplo de una persona individual crítica con el proceso seguido: https://www.facebook.com/roger.vilalta.1/posts/1439347896147922

llegan generalmente a cuestionar las ideas fundamentales en las que se basan estas acciones, el paradigma de fondo, que es evidentemente el que anima y justifica tales acciones a ojos de muchas otras personas. Sin cambiar el paradigma de fondo, no se podrán superar los conflictos existentes. No pensamos etiquetarnos tampoco como antifeministas, porque no estamos en contra de la equidad, ni de la igualdad, ni de la diferencia, y evidentemente no pensamos que el hombre sea mejor que la mujer, ni que se tenga que oprimir a nadie por razón de su sexo, ni que tengamos que mantener los privilegios de nadie sobre nadie.

Volviendo al cuestionamiento del sistema en su raíz profunda y en cada contexto histórico, vemos que muchos planteamientos feministas no nos convencen porque dan por sentado el sistema en el que vivimos y tratan de adaptarse a él, supuestamente haciendo a las mujeres más «fuertes» en este mundo existente, en esta sociedad degradada. Pero situar la lucha feminista en este sistema que es profundamente antifeminista, puesto que es un sistema que está en contra la vida y la destruye, sin intentar proponer una nueva manera de ver y actuar que nos permita cambiar el marco actual, nos parece un enfoque muy limitado. La limitación de algunos feminismos es señalar a los hombres como los máximos opresores de las mujeres, en vez de señalar las condiciones sociales, económicas, tecnológicas, políticas, etc. imperantes que provocan una clara desigualdad que puede comportar -o no- una dominación[96]. Para explicarlo en términos concretos, po-

---

[96] Confundir desigualdad y dominación es algo muy común en la perspectiva feminista habitual. Por esto se hace difícil, al hacer un juicio histórico o sobre otras sociedades, liberarse del sistema de valores actual y es muy fácil proyectar nuestro paradigma de pensamiento a otras situaciones sin quizás llegarlas a comprender en su complejidad. Interpretar ciertas cuestiones como una opresión tiene mucho que ver con nuestro sistema de valores actual. Pero, ¿era tal o cual cosa, en aquél momento o en aquella sociedad, una cuestión de desigualdad y opresión? A lo mejor la forma de mirar el problema es el problema. Para paliar nuestras proyecciones tenemos la opción de recorrer a mitos de sociedades perfectas sin guerras ni desigualdad de ningún tipo, cuando a lo mejor sería más factible asumir que siempre ha habido diferenciación de género pero que el hecho que esto implique una desigualdad o no recae sobre todo en nuestra interpretación, en nuestra mirada... Por ejemplo en el caso de la tribu de los Mossuo, en China, ellos, los hombres, pintan verdaderamente poco en muchas cuestiones importantes de la socie-

niendo ejemplos: no es la maternidad y la crianza el problema, sino el sistema de la modernidad capitalista que ha separado la vida familiar de la vida pública, impidiendo así que quien tiene cuidado del sostenimiento de la vida pueda también ser parte de la esfera pública política más amplia, sin olvidarnos del hecho que ésta ha sido en gran parte destruida. El problema no es tampoco la pareja heterosexual sino la cultura del aislamiento y el individualismo imperante, que encierra el amor y el erotismo en el terreno de aquello privado, desnudándonos de su fuerza comunitaria y social. La cuestión de la violencia y su abordaje no se puede desvincular del tipo de sociedad que tenemos y del aislamiento, la alienación y el anonimato en que vive la mayoría de gente, el desarraigo y la falta de apoyo mutuo comunitario para hacer frente a la vida. Ni del ocio consumista y escapista[97]. Así, un feminismo que fuera a la raíz tendría que hacer una penetrante crítica a la modernidad capitalista y ver aquello que hemos perdido por el camino y aquello que hace imposible superar cualquier tipo de opresión a no ser que reconstruyamos lo que nos han expropiado, a no ser que nos re-apropiemos de nuestras vidas en su globalidad[98].

---

dad. Desde aquí se les podría ver como claramente discriminados. Pero ellos mismos no lo entienden como tal, como se puede ver en el documental «El reino de las mujeres» cuando se les pregunta por cómo se sienten con el "poder" que ostentan en la sociedad. Otra cuestión sería el velo islámico: ¿Es siempre una imposición dominadora hacia la mujer? Y ¿por qué no vemos que la moda, el maquillaje, los tacones, y la presión estética en general es también un indicio de dominación y opresión hacia la mujer occidental? Por otro lado es remarcable que en la tradición catalana existan ciertas distinciones en los roles familiares que no siempre van ligados al género, y que también se podrían ver como una desigualdad. Tienen que ver, por ejemplo, con la posición que ocupas en la familia (pubilla o hereu si eres el primer hijo/a) y no tiene que ver con el sexo. En el caso de trabajos diferenciados en función del género, o incluso herramientas de trabajo específicas por género, que se daba en la edad media hispana y en otros tiempos y lugares, como explica Pablo Sastre en su libro «La presencia de las cosas» (2008), ¿esto implicaba una desigualdad? ¿Por qué se hacía? Hay mucho que entender y estudiar al respecto.

[97] Un libro interesante y crítico en este sentido, a pesar de que no entra en la cuestión de género y fiesta, es «El opio del pueblo. Critica al modelo de ocio y fiesta en nuestra sociedad» (San José, Pablo, 2015).

[98] Como afirma el texto «Virtudes femeninas, de Robert Kurz (op.cit), *«La investigación feminista en historia y sociología ha mostrado desde hace mucho tiempo que la discriminación y el menosprecio del que se ha hecho objeto a la mujer en*

Así, tenemos que cuestionar los mitos fundacionales de la sociedad liberal-capitalista, entre los cuales está el mito de que las mujeres han sido siempre oprimidas por los hombres a lo largo de la historia. ¿Qué entendemos por subyugación? ¿Toda diferencia implica una desigualdad? ¿A quién perjudica esta desigualdad?[99] La mayoría de mujeres -y la mayoría de hombres también- han empezado a estar oprimidos en el momento en que el foco de atención social ha dejado de estar centrado en las necesidades, en el sostenimiento de la vida, y se ha puesto en el crecimiento, en el beneficio, el negocio y la acumulación exponencial de riquezas. En el momento en que el saber popular se ha reducido a parloteo y se ha impuesto la tiranía de los expertos. En el momento en que partiendo de la expropiación de los medios de vida básicos, el trabajo mercantilizado ha sido la única forma de ganar nuestra emancipación e independencia[100].

------

la era moderna no son ni una "reliquia" de las condiciones premodernas ni una simple voluntad de poder por parte del sujeto masculino: arraigan por el contrario fuertemente en nuestras propias condiciones modernas. Aunque lo piense la mayoría de la gente, la modernización no ha atenuado la dominación patriarcal; al contrario, la ha intensificado. Corresponde a la economía capitalista haber producido entre hombres y mujeres una escisión tan extrema que podríamos creer que procedieran de planetas diferentes. En las sociedades premodernas, no existía todavía ninguna separación estricta entre producción de bienes y esfera doméstica. Las asignaciones de género, en consecuencia, eran menos rigurosas, con las mujeres teniendo plenamente su lugar en la producción agrícola y artesanal. Pero la economía de mercado moderna transforma la producción de bienes en una esfera autónoma dirigida a la maximización de una ganancia económica abstracta, y de esta manera en un elemento central de la esfera pública burguesa dominada por los hombres. Lo sabemos bien: capitalistas y hombres de negocios se reclutan mayoritariamente entre el género masculino».

[99] *«Redefinir las diferencias como desigualdades obliga, además, a condenar los aspectos en los que tales diferencias se hacen ineludibles. Al no ser capaces de explicarlos, la solución más sencilla es rechazarlos. De esta forma, todo lo concerniente a la vida íntima de los sexos —amor, paternidad/maternidad, cuidado, pareja, vida doméstica, etc. —, donde la diferencia entre hombres y mujeres se hace más evidente, es interpretado como fruto de la desigualdad patriarcal y fuente de violencia contra las mujeres. Perpetuándose así el malestar entre unos y otras y sin aportar soluciones».* En «De los sexos y sus diferencias» (op. cit)

[100] Ivan Illich en «El género vernáculo» expone: *«Al reflexionar, veo ahora que una economía industrial sin una jerarquía sexista es tan inconcebible como una sociedad preindustrial sin género, es decir, sin una clara división entre lo que hacen, dicen y ven hombres y mujeres. Ambos son sueños de opio, sin importar el*

En este sentido, algunas tendencias feministas, especialmente los feminismos que hablan de la importancia de los cuidados, del sostenimiento de la vida, de la economía feminista, etc. están muy cercanos a estos postulados. A pesar de esto, tienen también una visión reducida y parcial de la cuestión, dado que tener cuidado no es sólo aquello que se asocia al sexo femenino -acompañar, escuchar, tener empatía..- sino que hay muchas formas de tener cuidado[101], del mismo modo que también hay muchas formas de ejercer la violencia. El cuidado se ha atribuido a lo femenino y la violencia a lo masculino, pero lo que vemos es que los dos sexos lo pueden hacer, expresándolo cada cual a su manera. Por eso, en vez de economía feminista podríamos hablar de economía de los cuidados, de economía al servicio de la vida, etc. porque si no estamos excluyendo el cuidado de los hombres -del mismo modo que a menudo excluimos de nuestra visión la violencia que ejercen las mujeres-, o pretendiendo incluirlos en unos moldes que quizás no sean los suyos, y también estamos excluyendo a las mujeres que no se consideran feministas, o pretendiendo incluir a todas las mujeres en unos ciertos moldes.

Estos feminismos de los cuidados tienen también en común con los otros feminismos la visión estructuralista del patriarcado y por lo tanto, un enemigo común contra el que luchar. En este sentido, pensamos que los sectores feministas autónomos tendrían que cuestionarse ciertas premisas y mitos que las unen a otros feminismos en base a etiquetas superficiales

---

sexo de quien los sueña. Pero la reducción del nexo monetario, es decir, de la producción y la dependencia de mercancías, no está en el reino de la fantasía. Tal repliegue, es cierto, significa la renuncia a las expectativas y los hábitos cotidianos hoy considerados "naturales al hombre". Mucha gente, incluyendo algunos que saben que dar marcha atrás es la alternativa necesaria al horror, considera imposible esta opción, pero un número rápidamente en aumento de gentes experimentadas, junto con un creciente número de expertos (algunos convencidos y otros oportunistas) coinciden en que es la decisión más sabia. La subsistencia que se basa en una desconexión progresiva del nexo monetario parece ser hoy una condición de supervivencia».

[101] *«La incorporación de los hombres en las tareas de cuidado —entendidas como tareas encaminadas al sostenimiento de la vida— se ha visto a menudo traducida en una imposición del modo femenino de cuidar. Como si el cuidado fuera realmente una cosa solo de mujeres o los hombres no vinieran cuidando también desde antaño».* A «De los sexos y sus diferencias» (op. cit)

y acercarse a personas y colectivos que, a pesar de no adoptar el nombre de «feministas», en la práctica están mucho más cercanos a ellas que los otros que sí hacen bandera de esta categoría pero que siguen vendiendo la vida al mejor postor. No creemos que sea contraproducente tampoco participar en movimientos o plataformas más transversales desde sectores autónomos, pero en caso de hacerlo, lo relevante es tener una posición autónoma clara y propia, desde la cual aportar críticamente al resto de tendencias, y no simplemente sumar personas y colectivos en una falsa apariencia de unidad. En otras palabras, lo potente sería desarrollar un discurso propio y, desde aquí, fomentar la autocrítica a otros sectores del movimiento feminista. El desarrollo de esta posición propia de los feminismos autónomos se puede hacer trabajando conjuntamente con posiciones autónomas tengan el nombre que tengan, en base a una cosmovisión compartida de la perversidad del sistema en el que vivimos y la voluntad de salir del Estado-mercado y de los valores y prácticas dominantes que nos hacen ser esclavas, y que se pueden manifestar con muchas caras. Por el sostenimiento de la vida, por el cuidado de los cuidados, nos podremos encontrar más allá de etiquetas e interpretaciones paradigmáticas de la realidad.

Por otro lado, tenemos que decir que, en la actualidad, muchas corrientes feministas no sólo han sido cooptadas, asimiladas o toleradas por el sistema, sino que se ha dado un paso más: se ha empuñado el "arma» feminista y ahora se usa contra las propias mujeres, como un arma al servicio del poder para destruir las mujeres y también las relaciones entre sexos, dividiendo y enfrentando al pueblo[102]. Frente a esto, el feminismo más alternativo y el transfeminismo, en vez de ampliar la perspectiva y entenderse en un marco más holístico y general, sigue sobre todo centrándose en lo micro y en lo personal, parcelando y marcando infinitamente las diferencias, cosa que acaba haciendo el juego al sistema y fortaleciéndolo,

---

[102] Ver algunos de estos videos para profundizar en esta cuestión: «Guerra de sexos y destrucción de la condición humana»: https://www.youtube.com/watch?v=4AX7xyO6h_0, «Guerra de sexos, destrucción de la civilización y la persona»: https://www.youtube.com/watch?v=QF5VUAbuSWQ o también el programa de radio Punt d'Inflexió sobre «Feminismo y guerra de sexos provocada artificialmente por el poder»: https://www.ivoox.com/punt-d-inflexio-n-18-donde-hablamos-feminismo-audios-mp3_rf_4529560_1.html

puesto que en vez de integrar se siguen encontrando nuevos nichos de "identidad», que por profundos que parezcan, nos podemos acabar perdiendo en ellos, en una sociedad en apariencia cada vez más heterogénea pero profundamente homogeneizadora. Por más que indaguemos en la diferencia tenemos que ir también a la esencia. Que la complejidad no nos haga perder la esencia y la coherencia, la unidad en la pluralidad.

Hay quién defiende que la historia y nuestro pensamiento funciona mediante la tríada «tesis-antítesis-síntesis». La mayoría de feminismos actualmente se quedan en una antítesis a lo que supuestamente ha sido la historia de las relaciones entre sexos, invirtiendo roles y sonriéndole a la dominación[103]. El antisexismo se quiere situar en una síntesis, ir un paso más allá expresando: «juntas, las personas», en equidad y reciprocidad, sacando lo mejor de cada cual sin encasillarnos en roles, un nuevo ser humano que integre las cualidades «femeninas» y «masculinas» sin perder la conexión con nuestro ser que es también sexuado, con las connotaciones biológicas y sociales que esto puede implicar, pero sin hacer de esto una excusa para oprimir ni dominar a nadie.

La historia desde el punto de vista antisexista se explicaría remarcando determinados aspectos que normalmente pasamos de largo, buscando sociedades y momentos en que el arquetipo sea y haya sido de unidad entre las personas. No se trataría tanto de buscar visualizar el papel de la mujer a lo largo de la historia (por muy importante que esto sea), no tanto preguntarse si la mujer ha estado o no, si su rol ha sido prominente o no -como hace la historiografía feminista- sino de recuperar y hacer una historia del pueblo, y de las mujeres y hombres que han formado parte de él y las diversas tareas y posiciones que han ocupado, sus problemas, necesidades, virtudes y defectos. El pueblo desintegrado y dividido que observamos ahora, no ha sido así a lo largo de la historia, sino que en muchos

---

[103] Cómo dice esta magnífica canción, de la cual también hemos extraído el título que da nombre a este texto: «Juntos ellos y ellas» (Accidente, 2014): https://www.youtube.com/watch?v=jgoenmll1vi. También la cantautora Sílvia Tomàs en su reciente disco «Següent Pas» nos regala una canción con el título «Ellas y ellos» que nos interpela a diferenciar entre aquellas personas que «andan pisando» y las que «piensan andando»:
https://www.youtube.com/watch?v=QF5VUAbuSWQ&app=desktops

momentos se ha erigido como una fuerza en tensión y oposición a las dinámicas del sistema establecido, luchando con diversidad de tácticas pero desde la unión. ¿Qué ha pasado con esta lucha popular? ¿Cómo integrar la lucha contra las estructuras de dominación externas y la lucha contra nuestras propias estructuras interiorizadas de dominación? En cada momento histórico, ¿qué papel han jugado hombres y mujeres? ¿Han cooperado, se han enfrentado? ¿En qué y para qué? ¿Qué factores influyen en cómo vivimos la vida? (estructurales, sexuales, emocionales, políticos...) Abordemos la complejidad de la vida sin más reticencias, sin más desviaciones, con el corazón abierto y con esmero.

Porque sólo lo podemos hacer nosotras.

Pero solas, no lo podemos hacer.

¡Contra el sexismo y la opresión, juntas (las personas)!

Grupo de Reflexión y Apoyo Antisexista

Barcelona

Otoño 2017

www.ingramcontent.com/pod-product-compliance
Lightning Source LLC
Chambersburg PA
CBHW031317250726
48656CB00005B/1847